Mit dem Bau des Westwalls, eines der aufwendigsten und geschichtsträchtigsten Bauwerke der Welt, setzte Hitler den militärischen Aufstieg des Dritten Reichs durch.

Auf den Spuren des Westwalls

Entdeckungen entlang einer fast vergessenen Wehranlage

Hans-Josef Hansen

unter Mitwirkung
von

Jennifer Jahn

Markus Jahn

Daniel Lois

Helios

Impressum

Helios Verlags- und Buchvertriebsgesellschaft
Postfach 39 01 12, 52039 Aachen
Tel.: (02 41) 55 54 26; Fax: (02 41) 55 84 93
eMail: Helios-Verlag@t-online.de

1. Auflage: Oktober 1997
2. Auflage: April 1998
3. Auflage: April 2000
4. Auflage: November 2002

Printed in Belgium

ISBN 3-925087-76-1

Der Herausgeber dieses Buches ist folgenden Personen und Institutionen zu besonderem Dank verpflichtet:

Sponsoren:

Alexander Hoesch-Vial
Kreissparkasse Düren
Landschaftsverband Rheinland
Ministerium für Stadtentwicklung, Kultur und Sport des Landes NRW
Harald Paffen
Pfarrgemeinde St. Willibrord, Herzogenrath
REGIO Aachen e.V.
Dr.-Hanns-Simon-Stiftung, Bitburg
Sparkasse Aachen, Geschäftsstelle Alt-Merkstein
Loni Steinmetz (†)

Fachliche Beratung:

Dieter Robert Bettinger
Dr. Adolf-Friedrich Hohenstein (†)
Theodor Krausen (†)

Engagierte Unterstützung:

Johann Banz
Bernd Cremer
Jörg Fuhrmeister
Theo Görlich
Marion Hansen
Dieter Heckmann
Hans Hermanns
Annette Jäger
Prof. Dr. Josef Kopperschmidt
Wolfgang Kreuzmann
Günter Krings
Gerd Kuckertz
Theo Kutsch
Bruno Lerho
Elisabeth Müller
Oswald Ortmanns
Hans Raida
Harald Schneider
Gottfried Sevenich
Horst Siebert
Walter Steinmetz (†)
Ernestina Stiel
Familien Hansen, Jahn und Lois

Inhaltsverzeichnis

Bundesrepublik Deutschland
Der Bundeskanzler

Bonn, den 20. Februar 1997

Sehr geehrter Herr Hansen,

haben Sie vielen Dank für Ihr Schreiben vom 17. Dezember 1996, mit dem Sie mich auf Ihr Buchprojekt „Spurensuche - Der Westwall“ aufmerksam machen.

Ich möchte Ihnen und Ihrer Jugendgruppe herzlich zu Ihrem jahrelangen Engagement gratulieren, mit dem Sie die Spuren des „Westwalls“ wieder sichtbar gemacht haben. Mit Ihren Erkundungen haben Sie ein wichtiges Kapitel unserer jüngsten deutschen Geschichte in die Erinnerung zurückgerufen.

Die Nationalsozialisten gaben damals vor, mit dem „Westwall“ das Reichsgebiet gegen Angriffe sichern zu wollen. In Wirklichkeit aber sollte er nur von der geplanten Eroberung der Staaten Westeuropas ablenken. Die nationalsozialistische Barbarei hat damals unermeßliches Leid über Europa gebracht. Aber nach dem Zweiten Weltkrieg reichten sich die Feinde von einst die Hände, aus bitterem Haß wurde Verständigung.

Damals stand der Westwall für Entfremden und Feindschaft zwischen den Völkern. Heute bilden seine Ruinen für uns alle ein Vermächtnis zum Aufbau eines geeinten Europas.

Ich würde mich freuen, wenn die Ergebnisse Ihrer verdienten Forschungen auf ein breites Interesse stoßen würden.

Mit freundlichen Grüßen

DER REGIERUNGSPRÄSIDENT KÖLN

Dr. Franz-Josef Antwerpes

Der Westwall. Was ist das für eine Mauer, die noch heute, mehr als 50 Jahre nach Kriegsende, eine Gruppe von jungen Leuten dazu bringt, nach Spuren zu suchen? Und was sind das für Jugendliche, die sich für die Spuren interessieren, die der Westwall hinterlassen hat?

Es sind außergewöhnliche junge Leute, die lange gesucht und Vieles gefunden haben. Denn sie haben nicht nur eindimensional nach militärischen Erinnerungen gesucht, sondern sie haben auch herausgefunden, wie Natur und Mensch gelernt haben, mit dem Westwall zu leben.

Natürlich ist und bleibt der Westwall ein Mahnmal, ein steinernes Zeugnis der nationalsozialistischen Vergangenheit, ein reales Dokument für das Desaster des Krieges.
Viele Künstler haben mit ihren Aktionen am Westwall die Erinnerung an das, was von vielen gerne verdrängt wird, wieder wachgerufen. Ich erinnere mich noch besonders gut an das Werk „Begradigung" von Boris Gorin.

Das Projekt „Spurensuche" hat aber auch noch ganz andere Aspekte und Funktionen des Westwalls dokumentiert.

So sind um die einstige Wehranlage mittlerweile natürliche Biotope entstanden, die für den Naturschutz ganz besonders wertvoll sind. Hier hat sich seit Kriegsende weitgehend ungestört eine Tier- und Pflanzenwelt entwickelt. Die Bunker bieten Lebensraum für zahlreiche vom Aussterben bedrohte Arten, wie z.B. Fledermäuse und Salamander.
Die Natur hat sich hier zur Konversionsbeauftragten in eigener Sache entwickelt.

Auch die Menschen, die in der Nähe leben, haben den Westwall nach und nach einer friedlichen Nutzung zugeführt. Wie selbstverständlich werden die Höcker als Spielterrains, Gartenterrassen, Beetumrandungen, Satellitenschüsselträger oder Gartenzäune benutzt.

All diese zum Teil überraschenden Ergebnisse, die die Projektgruppe in Zusammenarbeit mit dem Geschichtsverein Hürtgenwald und mit Förderung der Regio Aachen dokumentiert hat, zeigen, daß sich die jahrelange Arbeit und die über 120 Wanderungen längs des Westwalls gelohnt haben.

Ich danke all denen, die an dem Projekt mitgewirkt haben, für die erfolgreiche „Spurensuche" und wünsche dem Buch eine Menge begeisterter Leser.

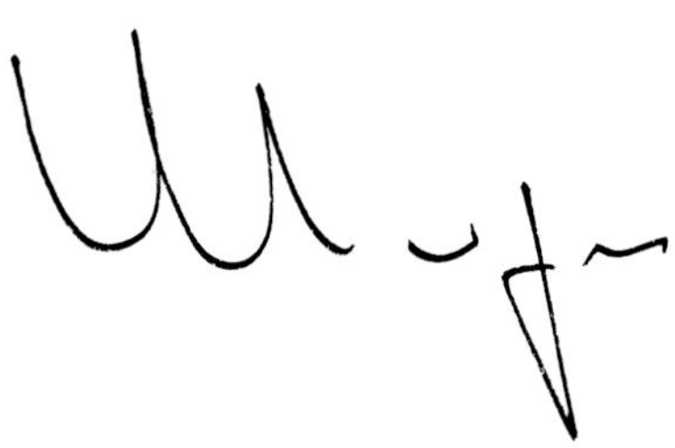

GESCHICHTSVEREIN HÜRTGENWALD E.V.

Die Spur der Vergangenheit

Erst 50, 60 Jahre sind seit dem furchtbaren und unheilvollen Weltkrieg mit seinem entsetzlichen politischen Umfeld vergangen. Allein die Allerseelenschlacht im Hürtgenwald 1944 forderte 70.000 gefallene Soldaten: Jungen Menschen wurde ihr Leben genommen, bevor sie es anfüllen und erfüllen konnten.

Aber was ist geblieben?

Schon unmittelbar nach dieser Zeit wurde die Erinnerung an das grauenvolle Geschehen verdrängt, so daß es sich heute nur noch im Dunkel der Vergangenheit befinden würde, wenn nicht Literatur und Medien, Ausstellungen und Dokumentationen mahnend auf diese Jahre hinweisen würden. Es ist ein bedauernswertes Zeichen unserer Gesellschaft, daß nur das Heile, das Intakte und das Vollkommene im Blickfeld zu stehen hat, aber nicht das Unheilvolle, das Kranke und das Sterben.

Der Geschichtsverein Hürtgenwald führt eine Dokumentation in Vossenack als Dauerausstellung durch, in der neben dort gefundenen militärischen Exponaten als materielle Zeitzeugen und neben Dokumenten auch eine Vielzahl von Fotos die Zeit und die Dörfer vor dem Krieg, die Zerstörung und deren Überwindung beschreiben. Die unselige Phase der Allerseelenschlacht von 1944 soll als Mahnung sachlich dargestellt werden. Sie ist Teil unserer Heimatgeschichte, der die Landschaft und die Menschen des Hürtgenwaldes wesentlich beeinflußt hat. Die Ausstellung läßt erkennen, daß wir immer im Schatten der Unsicherheit leben, und daß unser Glück, unser Wohlstand und unser Frieden auf tönernen Füßen stehen.

Sie läßt aber auch den unverzagten Lebensmut der damaligen Bürger sichtbar werden, die bei ihrer Rückkehr aus der Evakuierung ihr mit harten Entbehrungen gewonnenes Eigentum hoffnungslos zerstört, von Granaten umpflügt und vermint vorfanden. Sie resignierten nicht: „In der Mitte der Nacht beginnt der neue Tag."

Heute sehen wir nichts mehr, was an das damalige Schlachtfeld erinnert. Die nach dem Krieg gesprengten Bunker und die Höckerlinie sind vielfach überwuchert, von Büschen versteckt.

Es ist deshalb bemerkenswert, daß die Projektgruppe unter ihrem Leiter Hans-Josef Hansen ihrem Unternehmen den Namen „Spurensuche“ gab: eine teilweise sehr mühevolle Suche nach Spuren der Vergangenheit des letzten Krieges in unserer Region. Das Motiv der Projektgruppe war nicht das Sammeln von militärischen Erinnerungsstücken jener Zeit, sondern die Neugier im guten Sinne, wie sich die Natur diese strategisch weitgehend unbedeutenden Anlagen zurückgeholt hat, oder wie der Mensch sie zu friedlichen Zwecken umfunktionierte. Mit ihren Bildern legen sie auch die Unsinnigkeit des damaligen Westwalls und letztlich des damaligen Kriegsgeschehen offen: Der Westwall, schnell gebaut, ist ebenso schnell wieder in die völlige Bedeutungslosigkeit gesunken, so daß man heute nur mit Mühe seine Spur findet. Er hat den Krieg mit vielen, nicht notwendigen Todesopfern verzögert, aber nichts verhindert.

Das Projekt „Spurensuche“ ist also nicht ausschließlich eine Fotoserie, sondern hat denselben Hintergrund und dieselbe Motivation wie unsere Dokumentation „Hürtgenwald 1944 und im Frieden“. Deshalb war es folgerichtig, daß der Geschichtsverein sie in seine Ausstellung einbinden konnte.

Wir danken der Projektgruppe für die „Spurensuche“.

Dr. Leo Messenig
1. Vorsitzender

Vorwort

Vor über 50 Jahren endete der Zweite Weltkrieg, der mit seinen Folgen in Ausmaß und Umfang alles bis dahin Gewesene übertraf. Mit der Niederwerfung des Nationalsozialismus durch die Alliierten begann in den darauffolgenden Jahren die mehr oder weniger planvolle Beseitigung bzw. Umgestaltung von Großbauten des Dritten Reiches. Hierzu gehörte auch der Westwall. Diese Befestigungsanlage wurde in den Jahren 1936 bis 1940 zwischen Kleve und Basel gebaut.

Heute ist das Bewußtsein über das Vorhandensein dieser Wehranlage bei der Bevölkerung gering. Dem einen oder anderen fällt in unserer heutigen hektischen und schnellebigen Zeit während der Wochenendausflüge in die Eifel die Höckerlinien entlang der Wegstrecke noch auf.

Im Volksmund werden sie auch „Drachenzähne" genannt.

Bedeutung und Geschichte dieser Anlage sind meist nur den älteren Anwohnern sowie Geschichtsinteressierten bekannt.

Über den Westwall ist seit Beginn der Bauarbeiten bis zur heutigen Zeit viel geschrieben worden; angefangen von der nationalsozialistischen Propaganda bis hin zu heutigen kritischen Beurteilungen durch Zeitgenossen. Die meisten Schriften beschäftigen sich jedoch vorwiegend mit dem damaligen Kampfgeschehen und mit dem militärischen Nutzen der Anlagen. Sie beschreiben, registrieren, kommentieren, analysieren und bewerten die verschiedenen Bauten des Westwalls.

Was ist aber aus dem Westwall geworden?

Wir, eine Projektgruppe, begaben uns in vierjähriger Forschungsarbeit von 1993-1997 auf die Suche nach dem Westwall zwischen Brüggen am Niederrhein und Saarbrücken und zwar mit folgenden Fragestellungen:

- **Was ist vom Westwall heute noch erhalten?**
- **Inwieweit hat sich die Natur in den letzten Jahrzehnten ihr Terrain zurückerobert?**
- **Wie haben die Menschen diesen ehemaligen Kampfschauplatz in ihr Leben integriert?**

Darum wurde der Westwall in seinem Verlauf erwandert und erkundet. Stadtarchive und Büchereien, Behörden, Ausstellungen und Vorträge wurden besucht.

Kartenmaterial, Spürsinn und die Hilfe ortskundiger Landwirte führten zu vielen abgelegenen und überwucherten Anlagen des Westwalls, oft unter Überwindung von Hindernissen wie Bäche, Seen, Stacheldraht, Gestrüpp und Weidetiere, die unser Vorhaben nicht immer nur beobachteten!
Nebeneffekte dieser Spurensuche waren das Entdecken der Landschaft, die Erkundung der Heimat, die Schulung des Blicks und die Kontakte zu Zeitzeugen, deren Wissen in diese Arbeit eingeflossen ist.

Herausgekommen ist die nun folgende Fotodokumentation.
Sie erhebt nicht den Anspruch darauf, vollständig zu sein. Sie möchte neben der Präsentation noch erhaltener Anlagen einige bisher weniger beachtete Aspekte herausstellen, wie

- *die Rückverwandlung in ein Stück „Natur", ja in ein Naturschutzgebiet,*
- *die teilweise kuriose Einbeziehung und friedliche Nutzung in den Bereichen Landwirtschaft und Wohnen,*
- *die Denkmalfunktion für die Eifel.*

Es wäre wünschenswert, wenn die Dokumentation bei der Erforschung und Wahrnehmung des Westwalls Anregungen leistet.

Noch heute gibt der Bund aus Steuermitteln Millionenbeträge für die Beseitigung dieser Anlagen aus.

In einigen Jahren ist nur noch wenig vom Westwall vorhanden.

Auch während unserer Projektarbeit sind Bauten im Aachener Raum für immer beseitigt worden. Die verantwortlichen Institutionen gehen meist nach dem Motto „Nur ein verschwundener Westwall ist ein guter Westwall" vor. Seit geraumer Zeit ist der Westwall von Natur- und Denkmalschützern entdeckt worden. So wurde von Naturschützern festgestellt, daß im Laufe der Zeit der Westwall mit seinen Bauten für viele bedrohte Tier- und Pflanzenarten ein wichtiges Rückzugsgebiet geworden ist (z.B. für Fledermäuse). Deshalb versuchen Umweltschützer die Anlagen vor der endgültigen Zerstörung zu bewahren.

Der Westwall hat das Leben in der Grenzregion geprägt. Einerseits wurde die Infrastruktur durch den Bau erweitert. Durch die Einquartierung von Westwallarbeitern aus dem damaligen Reich ist so manche Ehe zustande gekommen. Andererseits wurden ganze Landstriche verändert. Nicht selten mußten Häuser bzw. Anwesen beseitigt oder umgesiedelt werden. Gravierende Beispiele sind hierfür die Eifeldörfer Brandscheid bei Prüm und Wallendorf bei Bollendorf. Im Bereich von Brandscheid entstanden um die 130 Bunker, rund um Wallendorf mehr als 80.

Es wäre ein Fehler, Zeugnisse bzw. Spuren der Vergangenheit - auch wenn sie uns an eine unbequeme/unheilvolle Zeit erinnern - restlos zu beseitigen. Sie sind ein Bestandteil unserer Geschichte. Einzelne noch vorhandene Anlagen des Westwalls bieten zukünftigen Generationen einen sichtbaren Anlaß, sich mit der Geschichte auseinanderzusetzen.

An dieser Stelle möchten wir all denen, die uns während der Projektarbeit unterstützt haben, ganz herzlich danken. Insbesondere gilt dies für Herrn Theodor Krausen (†), Alsdorf, und Herrn Dr. Adolf-Friedrich Hohenstein (†), Monschau-Höfen. Sie hatten zu jeder Zeit ein offenes Ohr für unsere Fragen und haben uns tatkräftig unterstützt.

Jennifer Jahn   Markus Jahn   Daniel Lois

Hans-Josef Hansen

Ein kurzer Blick in die Geschichte einiger Wehranlagen

Wehranlagen, die die Grenzen eines Landes oder Staates vor möglichen Angriffen schützen sollen, sind keine Erfindung unserer Zeit. Bereits im Altertum wurden Grenzbefestigungen zum Schutz vor Invasoren gebaut. Die größte und zugleich längste Wehranlage der Welt ist wohl jedem bekannt: Die Chinesische Mauer, über 2000 km lang und bis zu 12 m hoch. Sie sollte ein Riesenreich vor den Angriffen der Nomadenvölker aus dem Norden schützen. In Europa, zwischen Rhein und Donau, bauten die Römer einen mehrere hundert Kilometer langen „Limes" zum Schutz vor den Germanen. Unsere fränkischen Vorfahren bauten im Abstand von etwa 10 km zur Maas eine Kette von Erdwerken (Motten: Künstlich angelegte kegelförmige Hügel, meist aus Grabenaushub aufgeschüttet und am Fuß mit Palisaden umgeben, auf denen meist Burgen oder burgartige Anlagen waren) und Landwehren. Damit versuchten sie sich vor den räuberischen Überfällen der Normannen zu schützen. In den dreißiger Jahren dieses Jahrhunderts befestigten die Franzosen ihre Ostgrenzen zu Deutschland mit der Maginotlinie. Unter großen Mühen und hohen finanziellen Opfern wurde eine Kette waffenstarrer Befestigungsanlagen von der Schweizer Grenze bis zu den Ardennen gebaut. Eine vergleichsweise kleine Wehranlage war sicherlich die Mannerheim-Linie in Finnland. Auch die Tschechoslowakei befestigte nach französischen Plänen ihre Grenzen. Am Vorabend des Zweiten Weltkrieges war der europäische Kontinent sozusagen eine einzige Festungslandschaft. Einige Wehranlagen aus dem Altertum, dem Mittelalter und der Neuzeit werden im folgenden in ihrem geschichtlichen Kontext kurz vorgestellt:

Die Chinesische Mauer
Der Limes-Germanicus
Die Marken Karls des Großen
Die Mannerheim-Linie
Die Maginotlinie
Der Atlantikwall

Die Chinesische Mauer

Dieses gewaltige Bauwerk ist 2600 km lang und wurde um etwa 500 v.Chr. als Schutzwall gegen Invasoren errichtet. Eine Besonderheit im Zusammenhang mit der *Chinesischen Mauer* ist, daß sie als einziges Bauwerk der Menschheit vom Mond aus zu erkennen ist. Die Mauer widerstand jahrhundertelang den Anstürmen mongolischer Horden. Doch um 500 v.Chr. hatte sie noch nicht das Aussehen von heute: Im Jahre 476 v.Chr. begann die Periode der Streitenden Reiche. In dieser Zeit schützten sich mehrere Fürstentümer mit Erdwällen gegen feindliche Invasionen. Die damals entstandenen Erdwälle von Pohai bis zur Überflutungsebene des Liao und in einer zweiten Linie von Wei bis zum gelben Fluß waren die ersten großen Barrieren auf chinesischem Territorium und gleichzeitig die Anfänge der Chinesischen Mauer. Unter der Diktatur des großen Tschin Schi Huang Ti wurde etwa 200 Jahre später eine weitere Mauer mit einer Gesamtlänge von 3200 km errichtet. Ihre Erbauung erfolgte durch Bauern, die zur Fronarbeit gezwungen wurden. Auch diese Mauer bestand im wesentlichen aus Erdaufschüttungen, jedoch war sie in regelmäßigen Abständen mit Wachtürmen aus Holz oder Stein versehen. Auch Durchgangstore waren offenbar schon vorhanden. Es gab in der darauffolgenden Zeit Fälle, in denen Fremde in China einfielen, was wohl nicht auf ein Versagen des Verteidigungssystems zurückzuführen war, sondern eher auf Verrat an den genannten Durchgangstoren. Auch Beschädigungen an der Mauer gingen wohl nicht aus Zerstörungen von Feinden, sondern aus Erosion und Erdbeben, als auch aus Vernachlässigungen hervor. Später erweiterte der Han-Kaiser Wu-Ti (140-86 v.Chr.) die Mauer um 900 Li (etwa 700 km), um die Weststraße zu schützen, auf der sich sowohl der Seidenhandel abspielte, als auch militärische Transporte stattfanden. Im Jahre 220 n.Chr. endete die Han-Dynastie. Ihre Nachfolger bemühten sich zwar, den Grenzwall zu erhalten, doch die Große Mauer wurde nicht mehr benötigt und schließlich im Jahre 1004 aufgegeben. Der erste Kaiser der 1368 gegründeten Ming-Dynastie leitete nicht nur die Neuordnung Chinas in den Bereichen Agrar- und Finanzwesen ein, sondern ließ ebenfalls die Chinesische Mauer erweitern und renovieren.[1] In den darauffolgenden Jahren wurde der Mauer das Aussehen verliehen, das wir heute von ihr kennen. Die meisten Mauerabschnitte wurden sorgfältig renoviert und erhielten eine gemauerte Verkleidung. Die Mauer war somit zwischen 7,5 und 12 m hoch und an den breitesten Stellen bis zu 10 m tief. Der auf der Mauer verlaufende Weg war 4 m breit, so daß angeblich Kavallerie in Fünferreihen darauf galoppieren konnte. Weiterhin waren in Abständen von 200 m Türme angebracht, auf welchen Bogenschützen postiert waren. Die Ming-Kaiser bauten die Chinesische Mauer im Laufe der Zeit auf eine Gesamtlänge von 2600 km aus. 1644 schließlich eroberte ein Bandit Peking, worauf der letzte Ming-Kaiser aus Scham Selbstmord beging. Dessen General mußte sich an Dogun, den Herrscher der Mandschurei, wenden, wodurch das Große Tor von Schan Haiguan geöffnet wurde. Gleichzeitig hatte nun die Wan Li Tschang Tscheng („Die große Mauer von zehntausend Li") keine militärische Bedeutung mehr.[2]

Der Limes-Germanicus

Auch die Römer errichteten mit den Limites ausgeklügelte Grenzwallsysteme zum Schutz ihres Reiches. Der *Limes Germanicus* bot den Römern lange Zeit Schutz vor den Germanen. Die Legionen des Domitian erhielten in den Jahren 83-85 den Befehl, ihren Eroberungszug zu stoppen. Um ihre momentane Position zu verteidigen, sollten Wachtürme, die durch hölzerne Pfähle verbunden wurden, errichtet werden. Bis sie verlängert wurde, befand sich diese Linie in einem Gebiet von der Saalburg im Taunus bis Butzbach bei Gießen und weiterhin in Richtung Süden halb durch das Maintal. Die Länge betrug zunächst nicht mehr als 50 km. Als Domitian seine Ambitionen in Germanien aufgegeben hatte, ordnete er an, die bisher nur aus einigen durch Zäune (Flechtwerkzäune, die nicht wirklich in der Lage waren, eine Überschreitung zu verhindern) verbundenen Wachtürmen weiter auszubauen. Die Linie erhielt eine Gesamtlänge von 120 km. Die Besatzungen in den Wachtürmen hatten die Aufgabe, die in Kastellen befindlichen Legionen, die hinter der Limeslinie lagen, bei einem Angriff zu warnen. Die Taktik der Legionen bestand darin, defensiv hinter der Grenzbefestigung zu verharren und allenfalls Spähtrupps auszusenden. Einige Zeit später besichtigte Hadrian den Limes Germanicus höchstpersönlich und befahl, ihn zu renovieren und zu vergrößern. Er ließ ihn bis Regensburg ausbauen. Der Schutzwall erreichte somit eine Gesamtlänge von 280 km. In den Jahren 148-161 wurde wiederum am Limes Germanicus gebaut, um umfangreiche Modifizierungen vorzunehmen. Zum Beispiel wurden einige alte Wachtürme aus Holz durch steinerne ersetzt. Doch scheint es, daß Hadrians ursprünglicher Bauplan hier nie ganz verwirklicht wurde. Die Mauer der Limeslinie war 4,50 m hoch und zwischen 2,50 m und 3 m tief. Außerdem war der Limes Germanicus gespikt mit 55 Stützpunktforts und 30 Reserveforts. Er war verbunden mit einem Straßensystem. Die Straßen führten ins Hinterland und erleichterten die Ankunft von Verstärkungen aus den Legionslagern. Die Grenzbefestigung wurde, nachdem sie zugunsten einer neuen Limeslinie aufgegeben wurde, im Jahre 260 n.Chr. von den Germanen überrannt. [3]

(Domitianus, Titus Flavius, römischer Kaiser, geboren am 24.10.51 n.Chr., gestorben (ermordet) am 18.09.96. Sohn des Vespasianus, herrschte ab 81 als Nachfolger seines Bruders Titus; löste 96 die zweite Christenverfolgung aus.)
(Hadrian, römischer Kaiser (117-138 n. Chr.), geboren am 24.01.76, gestorben am 10.07.138, beendete den Partherkrieg. Erbaute den „Hadrianswall" (Ein um 122 n. Chr. Angelegtes, in Nordengland befindliches Wallsystem). Förderer der Kunst und Wissenschaft.)

Die Marken Karls des Großen

Als nächstes sollen die Marken *Karls des Großen* Erwähnung finden. Karl der Große richtete Marken zur Sicherung seiner Reichsgrenzen ein. Sie lagen im Vorland des eigentlichen Reiches und waren für die Verteidigung des Reichsgebietes verantwortlich.
Ab 795 existierte im Südwesten des Reiches die spanische Mark, die Schutz vor den Arabern bot. Im Südosten lag zwischen Raab und Donau die pannonische Mark, an die sich südwestlich die Mark Friaul anschloß. Besondere Bedeutung hatte die 802 errichtete awarische Mark, die im Osten das Reich Karls des Großen vor den benachbarten Awaren schützen sollte. Die Awaren hatten sich im Osten zu einem starken Reich entwickelt. Nach einem ersten, erfolglosen Versuch gelang es Karl dem Großen erst 796, die Awarenburg zwischen Donau und Theiß einzunehmen. Gegen Wikingerüberfälle entstanden die bretonische Mark (799) im Westen und die dänische Mark (799) im Norden.
Es sei erwähnt, daß die für die Marken verantwortlichen Markgrafen Sonderrechte militärischer und ziviler Struktur hatten. Sie konnten z.B. gegen feindliche Kräfte vorgehen, ohne vorher einen Befehl von einem Vorgesetzten zu erhalten. Die Marken Karls des Großen boten erfolgreich Schutz vor den Normannen, Dänen, Slawen, Awaren und Sarazenen.[4]

(Karl der Große, römisch.-dtsch. Kaiser, König der Franken 768 bis 814, geboren am 02.04.742, gestorben am 28.01. 814 in Aachen. Übernahm 771 allein die Regierung des Fränkischen Reiches, eroberte 773/74 das Longobardenreich. Unterwarf die Sachsen und Bayern. Am 24.12.800 von Papst Leo III zum Kaiser gekrönt. Versuchte die allgemeine Bildung durch die Gründung von Schulen u.a. zu fördern.)

Die Mannerheim-Linie

Als weitere Grenzbefestigung sei hier die *Mannerheim-Linie* genannt, die mit 140 km Länge eine eher kleine Befestigung war und dem Angreifer, der Roten Armee, scheinbar nicht viel entgegenzusetzen hatte. Die Linie lag in Finnland und sollte das Land gegen die Sowjetunion abschirmen. Finnland hatte sowjetische Forderungen bezüglich der Überlassung von Stützpunkten abgelehnt. Die UdSSR griff daraufhin das skandinavische Land am 30.11.1939 ohne Kriegserklärung an.
Die Mannerheim-Linie enthielt elektrisch geladene Zäune, Gräben, Panzersperren, eine Vielzahl von betonierten Maschinengewehrstellungen und umliegende Forts, in denen Geschütze postiert waren. Doch obwohl Finnland mit einer Volksarmee von lediglich 30.000 Mann der großen Sowjetunion hoffnungslos unterlegen zu sein schien, hatte die Rote Armee mit der Eroberung Finnlands im sowjetisch-finnischen Winterkrieg 1940 „eine harte Nuß zu knacken". Einerseits fehlte der Roten Armee zu diesem Zeitpunkt durch die Stalinschen Säuberungen unter dem Offizierkorps in den Jahren 1936-39 wichtiges Führungspotential, andererseits war die finnische Armee wesentlich besser für den Winterkrieg und für den Kampf in den finnischen Wäldern ausgerüstet und ausgebildet. So ist es zu erklären, daß die finnische Armee, deren Verteidigungskern die zu diesem Zeitpunkt recht dürftig ausgebaute Mannerheim-Linie darstellte, die Russen zwar nicht besiegen, doch immerhin recht lange aufhalten konnte. Sechs finnische Divisionen verteidigten die Mannerheim-Linie zäh und schlugen sogar eine russische Großoffensive vom 1.-3. Februar 1940 zurück, bei der die Russen große Verluste hinnehmen mußten. Doch am 11. Februar 1940 gelang es der Roten Armee schießlich, mittels einer erneuten Großoffensive die Mannerheim-Linie bei Summa zu durchbrechen und die finnischen Truppen zurückzudrängen. Am 7. März fordert der Oberbefehlshaber der finnischen Streitkräfte, Feldmarschall Freiherr von Mannerheim, aufgrund der hohen Verluste die Einstellung des militärischen Widerstandes gegen sowjetische Truppen. Die finnische Armee hatte inzwischen 20 % ihres Gesamtbestandes verloren. Am 12.03.1940 endet der sowjetisch-finnische Winterkrieg mit der Unterzeichnung eines Friedensvertrages in Moskau.
Der Durchbruch der Roten Armee durch die Mannerheim-Linie wurde erst durch den Einsatz von schweren Panzern ermöglicht, die finnische Bunker systematisch aushoben. Der kleinen finnischen Armee war es schließlich gelungen, sich so lange gegen die sowjetischen Streitkräfte zu verteidigen, bis ein annehmbarer Friedensschluß zustande kam. Die Rote Armee lernte aus ihren hohen Verlusten und begann sofort mit der Einleitung zahlreicher Umstrukturierungen und Neuerungen.[5]

(Mannerheim, Carl Gustaf Emil Freiherr von, finnischer Marschall und Politiker, geboren am 04.06.1867, gestorben am 27.01.1951. Russischer Kavalleriegeneral im 1. Weltkrieg. Nahm 1918 am finnischen Befreiungskampf gegen den Bolschewismus teil. 1939/40 und 1941-44 Oberbefehlshaber der finnischen Streitkräfte im Winterkrieg gegen die Sowjetunion. 1944-46 Präsident der finnischen Republik.)

Die Maginotlinie

Im Zweiten Weltkrieg verteidigte Frankreich seine Ostgrenze mit der *Maginotlinie*. Deren Bau wurde 1925 von Marschall Petain angeregt. Der Hauptbefürworter dieser Linie war jedoch André Maginot. Es sei erwähnt, daß Frankreich einen Großteil seiner Verteidigungsausgaben für die Maginotlinie verwendete, worunter die anderen Armeeteile stark zu leiden hatten. Die Maginotlinie bestand aus einer Serie von Werken. Das Kernstück jedes dieser Werke war ein zementiertes Fundament, das vollkommen bombensicher war. Darunter befanden sich Magazine und Lager, Kraftwerke und Generatoren, Hauptquartiere und Gefechtsstände, Lazarette und Unterkünfte für jeweils 1200 Mann. Auf der Oberfläche waren stählerne Geschützkuppeln angebracht, die mit weitreichenden Geschützen bestückt waren. Zusätzlich waren die Werke durch gepanzerte Tore, MG-Schießscharten und falsche Zugänge außerhalb und innerhalb durch Kampfstationen und Minensperren gesichert. Auch verfügten die Anlagen über Flucht- und Rückzugstunnel. Die größten *ouvrages* (Werke) bestanden aus zwei Blöcken, wobei in dem einen Block die Infanterie und in dem anderen Block die Artillerie untergebracht war. Die Blöcke lagen manchmal bis zu 2,5 km auseinander und waren durch eine elektrische Bahn unterirdisch miteinander verbunden. Vor den Werken befanden sich zusätzlich zweistöckige Kasematten (bombensicherer Raum in Festungen), die mit Panzerabwehrgeschützen und leichteren Waffen bestückt waren. 5 km vor denselben befanden sich „Blockhäuser" aus Eisenbeton, die die Vorposten der Hauptlinie darstellten. Sie waren mit Panzerabwehr- und automatischen Waffen ausgestattet. Die Entfernung von diesen Blockhäusern bis zur deutschen Grenze betrug lediglich 2 km. Durch diese massiven Befestigungen war es einem Gegner nur schwer möglich, die Maginotlinie zu durchbrechen. Auch wenn es ihm gelang, die Vorderlinie zu überwinden, sah er sich immer noch der massiven Gegenwehr der Feldarmee und der Luftstreitkräfte gegenüber. Doch die Maginotlinie stellte nie eine durchgehende, lückenlose Grenzbefestigung dar. Die französisch-belgische Grenze wies zum Beispiel nur vergleichsweise schwache Befestigungen auf und befand sich zudem noch in einem unfertigen Zustand. Der strategisch wichtige Albert-Kanal in Belgien war nördlich von Lüttich mit dem neuerbauten Fort Eben Emael abgesichert, das als uneinnehmbar galt. Es konnte jedoch am 10. Mai 1940 (Beginn des Westfeldzuges) von deutschen Fallschirmpionieren erobert werden. Die Deutschen starteten ihre Offensive nun durch die Ardennen und Holland und ließen die Maginotlinie im wahrsten Sinne des Wortes „links liegen", umgingen sie also. Die Insassen der Verteidigungswerke mußten schließlich kapitulieren, obwohl kaum eines der ouvrages durch das deutsche Militär erobert worden war.[6]

(Maginot, André, frz. Politiker, geboren am 17.02.1877, gestorben am 07.01.1932. Er war zwischen 1917 und 1931 mehrmals Minister. Er schuf das Befestigungssystem der Maginotlinie.)

(Petain, Philippe, frz. Marschall und Politiker, geboren am 24.04.1856, gestorben am 23.07.1951. Verteidiger Verduns im 1.Weltkrieg; 1940 Kriegsminister Frankreichs.)

Der Atlantikwall

Die Deutschen bauten im Zweiten Weltkrieg eine dem Westwall ähnliche Linie, den *Atlantikwall*. Er wurde zum Schutz des deutschbesetzten Europas gegen die Alliierten errichtet, nachdem die Operation „Seelöwe" (die Invasion Englands) auf unbestimmte Zeit verschoben worden war. Mit dem 1942 begonnenen Bau wurde die Organisation Todt (OT) beauftragt, die zuvor schon maßgeblich an der Errichtung des Westwalls beteiligt war. Der Atlantikwall erstreckte sich über die norwegisch-dänisch-niederländisch-belgisch-französischen Küsten, wo er die Landung der Alliierten verhindern sollte. Doch entgegen der deutschen Propaganda, die verkündete, daß der Atlantikwall ein durchgehender Abwehrwall vom Nordkap in Norwegen bis zur spanischen Grenze sei, konzentrierte man sich beim Bau auf lineare Befestigungen an den wichtigsten Häfen und Landungsstränden.

Der Atlantikwall bestand aus Bunkern, Beobachtungstürmen und Kasematten. Zunächst wurden mehr als 1700 Regelbauten aus dem Westwallprogramm errichtet, bevor ab Herbst 1942 neue Regelbautypen zum Bau freigegeben wurden. Insgesamt umfasste der Atlantikwall ca. 20.000 Anlagen verschiedenster Art, die bis heute an den Stränden Europas zu finden sind. Die Ausbaustärken der Bunker sind mit denen des Westwalls identisch. Die Masse aller Bauwerke weist eine Wand- und Deckenstärke von zwei Metern auf. Lediglich eine kleine Zahl von Sonderkonstruktionen, wie z.B. die Batteriestellungen, hatten eine Baustärke von bis zu fünf Metern. Wegen der ständigen Gefahr durch Luftangriffe konnten beim Bau der Bunker keine Verschalungen aus Holz angefertigt werden, um sie, wie normalerweise üblich, mit Beton auszugießen. Der Zeitaufwand wäre zu groß gewesen. Stattdessen setzte man im nachhinein vorgefertigte Betonplatten um das Stahlskelett des Bunkers und goß die entstandenen Hohlräume aus. Vor den Bunkern und Geschützstellungen befanden sich Strandhindernisse, die das Durchkommen von Fahrzeugen verhindern sollten. Ihre Flanken waren durch Gräben, Minenfelder, Stacheldraht und Schützenlöcher geschützt. Doch durch präzises Feuern von See, unterstützt durch die alliierte Luftüberlegenheit und durch den Einsatz von Spezialpanzern, die Schneisen durch Minenfelder und Brücken über Gräben schlugen, Sprengladungen legten und mit Flammenwerfern operierten, konnten die Alliierten am sog. D-Day (06.06.1944) den Atlantikwall durchbrechen.[7]

Abschließend sei festgestellt, daß Wehranlagen den jeweiligen Nationen eine völlige bzw. langfristige Sicherheit vor feindlichen Invasionen oder Überfällen trotz ihrer scheinbaren Massivität nicht bieten konnten. Die Qualität von Befestigungen und Wehrplätzen ist in starkem Maße abhängig von den Besatzungen, die sie verteidigen.

---

[1] vgl. Friedrichs, Hans-Joachim: Weltgeschichte - Eine Chronik. Köln, Naturilis Verlag, 1994, S. 177.

[2] vgl. Brice, Martin: Burgen und Wehranlagen. Hamburg, Weltbild Verlag, 1992, S.18-19. Künftig zitiert: Brice: Burgen und Wehranlagen.

[3] ebd. S. 34.

[4] vgl. Chronik der Deutschen. Dortmund, Chronik-Verlag in der Harenberg Kommunikation Verlags- und Mediengesellschaft, 1983, S. 152.

[5] vgl. Piekalkiewicz, Janusz: Der Zweite Weltkrieg. Düsseldorf, ECON Verlag, 1985, S. 193-198.

[6] vgl. Brice: Burgen und Wehranlagen, S. 146.

[7] ebd. S. 154.

Rückblick in die Vergangenheit: Die Westwallgeschichte

Die Entscheidung zum Westwallbau

Es lassen sich viele Beispiele für den massiven Befestigungsbau im Europa der dreißiger Jahre finden. Die Maginotlinie in Frankreich, die Grenzbefestigungen in der Tschechoslowakei, die zahlreichen belgischen Forts, die Mannerheim-Linie in Finnland und schließlich auch der Westwall verdeutlichen, daß es in den zwanziger Jahren nicht gelungen war, eine stabile Nachkriegsordnung zu schaffen. Der Versailler Vertrag von 1919 beinhaltete eine große Anzahl von Auflagen für das geschlagene Deutschland.
Dazu einige Beispiele: Artikel 231 konstatierte die alleinige Kriegsschuld Deutschlands und seiner Verbündeten. Des weiteren wurde bestimmt, daß das gesamte deutsche Kriegsmaterial ausgeliefert werden sollte, zukünftige deutsche Streitkräfte durften eine Gesamtgröße von 100.000 Soldaten nicht überschreiten, und Deutschland mußte Gebiete (darunter Elsaß-Lothringen, Posen, Westpreußen, Memelgebiet, Eupen-Malmedy) abtreten und verlor alle Kolonien. Außerdem hatte Deutschland die Besetzung des Rheinlandes zu dulden. Es war ihm somit verboten, Militär westlich des Rheins zu stationieren. Dazu ein Ausschnitt aus dem Versailler Vertrag, Teil 2-15:

Hindenburg begrüßt heimkehrende Truppen (Ende 1918).

Art. 42 : Es ist Deutschland untersagt, auf dem linken Ufer des Rheines und auf dem rechten Ufer westlich einer 50 km östlich des Flusses verlaufenden Linie Befestigungen beizubehalten oder anzulegen. [...]

Art. 428 : Um die Ausführung des gegenwärtigen Vertrages durch Deutschland sicherzustellen, bleiben die deutschen Gebiete westlich des Rheins einschließlich der Brückenköpfe während eines Zeitpunktes von 15 Jahren nach Inkrafttreten des gegenwärtigen Vertrages durch die Truppen der alliierten und assoziierten Mächte besetzt. [1]

Versailler Verhandlungen (1919)

Mit der Konferenz von Locarno am 16.10.1925 versuchten mehrere europäische Staaten erstmalig nach dem Ersten Weltkrieg, den Weg für einen vertraglich gesicherten Frieden und eine dauerhafte Aussöhnung zwischen Frankreich und Deutschland zu bahnen. Der unterzeichnete Sicherheits- und Westpakt beinhaltete u.a. folgende Punkte: die Unverletzlichkeit der belgischen und französischen Grenzen, den Verzicht deutscherseits auf Elsaß-Lothringen, die Planung zum Eintritt Deutschlands in den „Völkerbund", Planungen für die Räumung des Rheingebietes und die Entmilitarisierung des Rheinlandes. Der sog. „Geist von Locarno" gab in Deutschland Anlaß zur Hoffnung auf eine friedliche Zukunft, während er von den Nationalsozialisten stark kritisiert wurde. Durch Verhandlungen erreichte Deutschland, daß im August des Jahres 1929 mit der Räumung des Rheinlandes begonnen wurde.[2]

Im Jahre 1933 ergriff Hitler die Macht. Seine Politik verfolgte vor allem folgende Punkte: die Revidierung des Versailler Vertrages (darunter die Lösung von allen Rüstungsbeschränkungen, die Kündigung eingegangener Verträge und die Forderung nach politischer Gleichberechtigung mit den Siegermächten), die „Schaffung von Lebensraum im Osten" und die Vernichtung des Judentums. Diese politischen Ziele hatte Hitler bereits während seiner Landsberger Haft im Jahre 1924 in seinem Buch „Mein Kampf" formuliert. Entsprechend seiner politischen Vorstellungen wurden nun Rüstungsbeschränkungen mißachtet, erfolgte der Völkerbundsaustritt im Oktober 1933 und trat das Gesetz zur allgemeinen Wehrpflicht im März 1935 in Kraft. Nach Artikel 42ff des Versailler Vertrages und den Abmachungen im Locarnopakt sollte das deutsche linksrheinische Gebiet entmilitarisiert bleiben. Trotz großer Bedenken seiner Generäle ließ Hitler im März 1936 Truppen der Wehrmacht ins Rheinland einrücken.

Anfang 1938 zeichnete sich die expansive und aggressive Außenpolitik Hitlers ab. Im März desselben Jahres erfolgte der Anschluß Österreichs. Großdeutschland war damit geschaffen. Nun forderte Hitler die Selbstbestimmung für alle Deutschen, insbesondere in der damaligen Tschechoslowakei.

Ein weiteres Ziel Hitlers: Die Lösung der Sudetenfrage

Die zu diesem Zeitpunkt noch junge Tschechoslowakei war nach dem Ersten Weltkrieg als Vielvölkerstaat (Tschechen, Slowaken, Ungarn und Deutsche) aus dem habsburgischen Erbe gebildet worden. Das sudetendeutsche Gebiet wurde ohne Volksabstimmung der Republik zugesprochen. Die Deutschen bildeten mit über drei Millionen Einwohnern die zweitgrößte Volksgruppe. Die tschechische Regierung, innenpolitisch mit schwierigen Minderheitsproblemen belastet, lehnte sich außenpolitisch an Frankreich an.
Eine schlechte Wirtschaftslage hatte dazu beigetragen, daß radikale Parteien großen Zulauf erhielten. Hiervon profitierte besonders die von Konrad Henlein gegründete Sudetendeutsche Partei (SdP), zumal sich ihr mit Ausnahme der Sozialdemokraten alle anderen deutschen Parteien angeschlossen hatten. Bald war sie zweitstärkste politische Kraft im Prager Parlament. Die von Henlein geführte Partei erhielt massive Unterstützung aus Berlin. Bei einem Treffen zwischen Hitler und Henlein Ende März 1938 wurde die Strategie verabredet, von Prag mehr zu verlangen, als erfüllbar war.
So wollte man vor der Welt das Eingreifen des Deutschen Reiches für die deutsche Volksgruppe in der Tschechoslowakei vorbereiten und rechtfertigen. Von nun an gab es, durch das Deutsche Reich gesteuert, die „Sudetenkrise".[3]
Hitler stellte seinerseits immer umfangreichere Forderungen an die tschechische Regierung. Schließlich drohte Hitler den Westmächten offen mit der Zerschlagung des osteuropäischen Landes.

Hitler in Wien (1938)

Die Wochenendkrise im Mai 1938

Die Situation spitzte sich im Mai 1938 zu, als die tschechische Regierung mittels Falschmeldungen über angebliche deutsche Truppenbewegungen informiert wurde. Dies hatte einerseits zur Folge, daß die Tschechoslowakei mit einer Teilmobilmachung reagierte. Tschechische Truppen rückten in die Bunkerlinien entlang der Grenze ein. Andererseits legten auch die Westmächte ein ungekannt energisches Verhalten an den Tag. Dieser Zusammenhang läßt sich in den Geschichtsbüchern unter dem Namen „Wochenendkrise" am 21. Mai 1938 wiederfinden. Die durch die Teilmobilmachung überraschte deutsche Seite dementierte in den darauffolgenden Tagen immer wieder Angriffsabsichten der Wehrmacht.[4] Gesandte von Großbritannien, Frankreich und Polen drängten auf eine friedliche Regelung der Sudetenfrage.[5] Wahrscheinlich hat die Wochenendkrise einen Wandel bezüglich Hitlers Einschätzung der Westmächte mit sich gebracht. Zuvor wurde vermutlich die Möglichkeit einer Kooperation mit England und Frankreich nicht vollkommen ausgeschlossen. Doch nach den Ereignissen der Wochenendkrise hielt Hitler dies wohl für unmöglich. Nun war es zwingend notwendig, die Westgrenzen des Deutschen Reiches gegen einen möglichen Angriff Frankreichs zu verteidigen, wenn eine baldige Offensivaktion gegen die Tschechoslowakei ohne die Gefahr eines Zweifrontenkrieges durchgeführt werden sollte.[6] Der Bau von ständigen Anlagen an der Westgrenze war im Jahre 1936 begonnen worden. Allerdings kamen die Bauarbeiten in den Jahren 1936/1937, oft wegen Materialknappheit, nur relativ langsam voran. Deshalb befahl Hitler am 28.05.1938 „den verstärkten und beschleunigten Ausbau der Westbefestigungen". Gleichzeitig forderte er die Erstellung von 11.800 Bunkern bis zum 1. Oktober 1938. Bis zu diesem Zeitpunkt wollte Hitler die Sudetenfrage unter allen Umständen - wenn notwendig auch mit militärischen Mitteln - gelöst haben. Eine „gewaltige Front aus Stahl und Beton", wie die damalige Propaganda den Westwall vollmundig bezeichnete, entstand an der Westgrenze des Reiches.

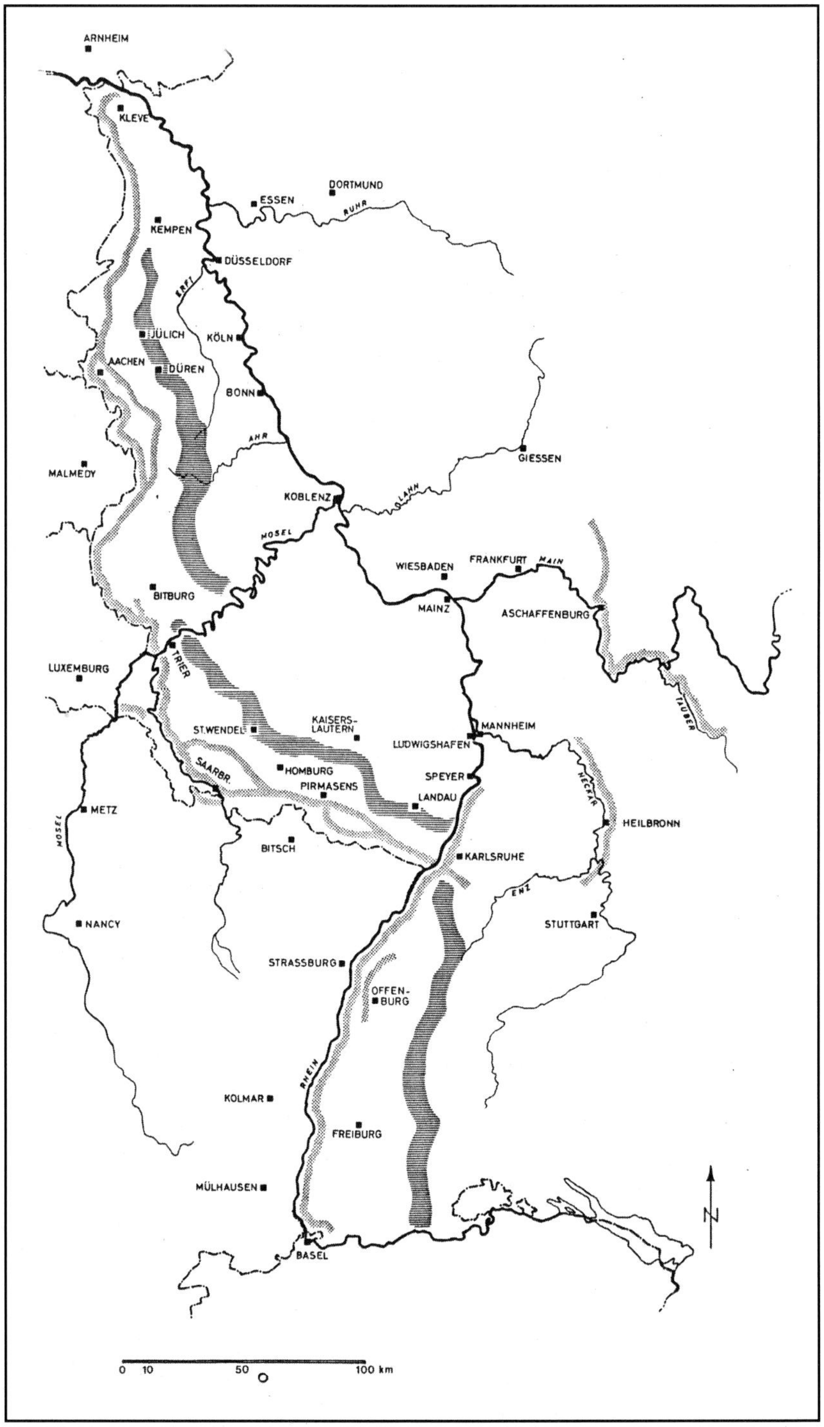

Gesamtverlauf des Westwalls vom Niederrhein bis Basel mit der LVZ 1940
Aus: Bettinger/Büren: Der Westwall. Biblio-Verlag Osnabrück 1990.
Zeichnung: Martin Wolff

Verlauf und Aufbau des Westwalls

Von Kleve bis Basel

Der geographische Verlauf des Westwalls im Ausbauzustand des Jahres 1940 gestaltete sich - von Norden nach Süden betrachtet - wie folgt: Die Befestigungslinie begann im Norden bei Kleve vorbei an der Stadt Goch und verlief entlang der deutsch-niederländischen Grenze bis Aachen. Sie umschloß die Stadt in zwei Linien. Dann schlängelte sie sich durch die Eifel nahe der belgischen und luxemburgischen Grenze, gegenüber den Städten Dasburg, Vianden und Echternach und querte die Mosel südwestlich von Trier unmittelbar unterhalb der Einmündung der Saar. Anschließend erstreckte sie sich parallel zur Saar, vorbei an Merzig und Dillingen. Bei Saarlouis teilte sich der Westwall und umschloß in einer nördlichen und einer südlichen Linie die Stadt Saarbrücken. Weiterhin ging er über die Höhenzüge, die Zweibrücken nördlicherseits beherrschen, überschritt das Hardtgebirge etwa auf der Linie Pirmasens-Bergzabern, durch den Bienwald, um dann den Rhein westlich von Karlsruhe zu erreichen. Schließlich zog er sich entlang des Rheins über Raststatt, Kehl, Offenburg und Freiburg bis Basel. Zusätzliche Kampfstellungen befanden sich im sog. Orscholzriegel (südlich von Trier) und auf den Spicherer Höhen in Frankreich. Somit hatte der von den Amerikanern auch „Siegfriedlinie" genannte Westwall eine Gesamtlänge von 630 Kilometern.

Schutz vor Artillerie- und Gasangriffen

Der Westwall war eine Verteidigungslinie. Sein taktisches Ziel bestand darin, mit einer geringen Truppenstärke eine möglichst effektive Verteidigung zu erreichen. Die Grundaufgabe der Bunker war es, das Heer zu schützen. Diese Schutzfunktion schloß auch - aufgrund von Erfahrungen aus dem Ersten Weltkrieg - den Schutz vor chemischen Waffen ein, denn die meisten Bunker waren gasdicht. Ein Artillerieangriff sollte zum Beispiel im Schutz der Bunker abgewartet werden, um dann aus den Stellungen heraus einen schnellen Gegenangriff bzw. eine Verteidigungsaktion einzuleiten.

Natürliche Hindernisse wurden miteinbezogen

Der Westwall enthielt sowohl ca. 17.000 betonierte Kampfstände als auch verschiedene Kampfwagenhindernisse. Der Verlauf der Befestigungslinie war größtenteils geradlinig und entsprach dem Grenzverlauf. Es gab also im großen und ganzen wenige hervorspringende oder einschneidene Abschnitte, um Bedrohungen von den Flanken her verhindern zu können. Im Falle einer Unterbrechung der Befestigungslinie durch einen Bergrücken wurde der Bergkopf mit einer gestaffelt angelegten Bunkergruppe befestigt. Links und rechts von Quertälern wurden ebenfalls Bunker angelegt, um einem Vordringen des Feindes hinter die Befestigungen vorzubeugen. Es wurde bereits bei der Planung darauf geachtet, die Kampfstände und somit den gesamten Westwall aus Tarngründen möglichst gut dem Gelände anzupassen. Im Rahmen des Westwallbaus wurden auch künstliche Stauseen und Hänge angelegt. Strategisch wichtige Punkte wie z.B. Bergzungen, Eisenbahnlinien (Völklingen/Merzig) und Straßen wurden besonders stark gesichert. So befestigte man Straßen, die von der Grenze kamen, mit aufwendigen Straßensperren und Pakschartenständen.[7] Natürliche Hindernisse, wie Flußläufe (z.B. Wurm, Our, Sauer, Mosel, Saar, Rhein) wurden in die Befestigungen miteinbezogen. Am Oberrhein existierten aufgrund des zusätzlichen Schutzes durch den Fluß schwächere Befestigungen. Das Gebiet zwischen Mosel und Rhein wurde stärker ausgebaut, weil dort von den Deutschen ein französischer Angriff als wahrscheinlich erachtet wurde.[8] Im Saarland befand sich nahezu ein Viertel aller Westwallbunker.[9]

Die Dezentralisation als Westwallprinzip

Als Vorbild für den Westwallbau hatte man die französische Maginotlinie, deren mutmaßliche Schwächen man analysierte und dementsprechend Verbesserungen anbrachte. So bestand die Maginotlinie im wesentlichen aus riesigen Bauwerken, auf die sich das feindliche Feuer konzentrieren konnte. Beim Westwall dagegen wendete man das Prinzip der Dezentralisation an. Er bestand aus tausenden einzelner, nicht miteinander verbundener Betonbunker, die von den gegnerischen Einheiten nur schwer kollektiv unter Beschuß zu nehmen waren.[10] Die tiefgestaffelten Bunkerstellungen konnten einem längeren, schweren Beschuß durch Artillerie nicht standhalten. Um sie aber zu zerstören, hätte die ganze Zone, in der sie sich befanden, mit schwerkalibrigen Granaten geradezu „umgepflügt" werden müssen. So war der Westwall im Gegensatz zur Maginotlinie keine Festung, sondern ein Instrument der beweglichen Kriegsführung. Nicht der Bunker, sondern das Feld sollte verteidigt werden. Ein Großteil der Kampfstände des Westwalls, die sog. Kasematten, arbeiteten im Verbund. Sie waren so angelegt, daß sie sich gegenseitig flankierten: Wenn die angreifenden Soldaten sich einem Bunker näherten, wurden sie von Nachbaranlagen mit Maschinengewehren oder Granatwerfern unter Feuer genommen. In den sog. Schartenständen wurden die Waffen dagegen frontal zum Gegner eingesetzt.[11]

Der Westwall umfaßte sowohl Befehls-, Mannschafts- und Sanitätsstände als auch Kampfstände. Die

Bunker steckten je nach Geländebeschaffenheit zur Hälfte bis zu dreivierteln im Boden und hatten durchschnittlich die Größe eines einstöckigen Wohnhauses. Es kam aber auch vor, daß Bunker frei im Gelände standen. Der Abstand zwischen Grenze und Bunkerkette variierte je nach Grenzverlauf. Er betrug z.B. in Herzogenrath, Kreis Aachen, nur 300 m, wogegen er in Hückelhoven-Ratheim, Kreis Heinsberg, etwa 15 Kilometer groß war. Der Abstand der einzelnen Bunker betrug durchschnittlich 50-100 m, an manchen, weniger wichtigen Abschnitten auch mehr. Im Norden des Westwalls, zum Beispiel zwischen Rindern (bei Kleve) und Brüggen, konnte der Abstand mehrere Kilometer betragen. Die Breite der Hauptkampflinie (HKL) betrug 500-700 m. Die Bunker waren miteinander einerseits durch ein Festungskabelnetz (dies erwies sich später als Vorteil gegenüber den Alliierten, die ihre Kommunikationsanlagen erst noch installieren mußten) und andererseits durch Schützengräben, die allerdings erst 1944 angelegt wurden, verbunden.[12] Gigantische, unterirdische Eisenbahn- oder Hohlgangsysteme, wie die Alliierten - getäuscht durch die deutsche Propaganda - vermuteten, existierten allerdings nicht.

Der Name „Westwall" setzt sich durch

Die deutschen Westbefestigungen, deren Bau 1936 begann, titulierte man von offizieller Seite anfangs nicht mit dem Namen „Westwall". Dieser Begriff stammt wahrscheinlich aus dem Kreis der Arbeiter, die beim Bau der Bunker und Kampfwagenhindernisse beteiligt waren.
Auf dem Reichsparteitag in Nürnberg am 12. September 1938 und auf dem Gauparteitag der NSDAP am 9. Oktober 1938 in Saarbrücken sprach Hitler von „unseren Befestigungen bzw. unseren Festungsanlagen im Westen". Weiterhin tauchten im zweiten Halbjahr des Jahres 1938 auch Bezeichnungen wie „Schutzwall" oder „Todt-Linie" auf. Militärkreise wollten Namen wie „Führer-Linie" oder „Hitler-Linie" populär werden lassen. Der eigentliche Name „Westwall" läßt sich - vermutlich zum ersten Mal - in einem Beitrag der Zeitung „NSZ-Rheinfront" vom 19. November 1938 auffinden, der den „Männern vom Westwall" gewidmet war. Hitler benutzte den Namen erstmals öffentlich während seiner Besichtigungsreise zu den Westbefestigungen vom 14. bis zum 19. Mai 1939.[13]

Der Westen des Reiches gleicht einer einzigen Baustelle:

Die Bauprogramme

Bis zum 1. Mai 1940 wurden über 17.000 Bunker und ca. 260 km Kampfwagenhindernisse (Höckerlinie, Panzergräben, Panzermauern) gebaut. Daneben entstanden breite Minenfelder, dichte Drahthindernisse, mächtige Straßensperren, Starkstromhindernisse, Flußstauungen und andere Geländeverstärkungen.[14] Doch eine vollkommene Verteidigungsfähigkeit wurde von 1936-1940 nie erreicht. Der Bau des Westwalls erfolgte nach verschiedenen Vorstellungen und entsprechenden Vorgaben, die sich von 1936 - 1939

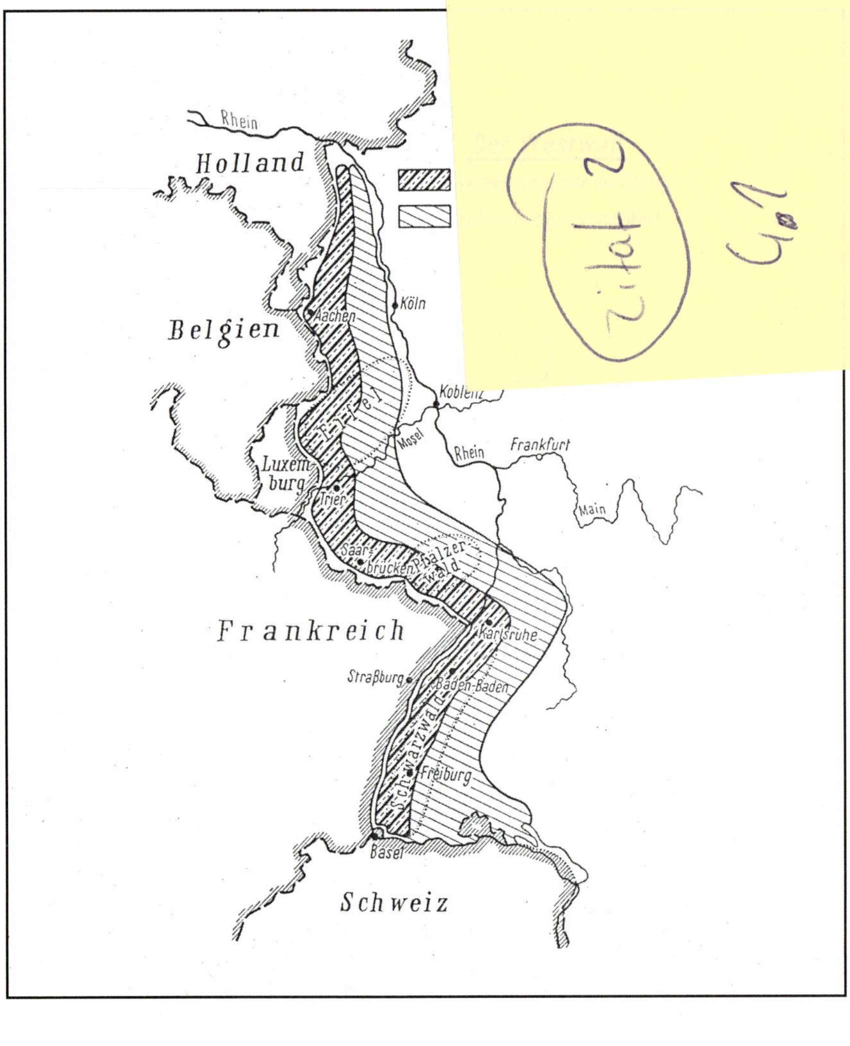

Übersichtskarte von 1939
Aus: "Der Westwall", Rudolf Theodor Kühne, Lehmanns-Verlag, München-Berlin, 1939.

in bezug auf Ausmaß und Umfang der Linie weiterentwickelten. Die verschiedenen Bauprogramme seien hier nun kurz erläutert:

Das Pionierprogramm (1936 bis 28. Mai 1938)

Die Grundvoraussetzung zur Errichtung von Befestigungen an der Westgrenze war die Besetzung des entmilitarisierten Rheinlandes im Jahre 1936. Bereits in diesem Jahr wurden geheime Erkundungen und Vermessungen durch die Festungspioniere durchgeführt. Ziel war es, aus ausgebauten Stellungen und MG-Bunkern im Spannungs- oder Verteidigungsfall den Vorstoß des Gegners solange zu verzögern, bis ein Aufmarsch der Wehrmacht und ein Gegenangriff auf linksrheinischem Gebiet möglich geworden wäre. Im Jahre 1936 wurde mit dem Bau von ersten Anlagen entlang der französischen Grenze - gegenüber der Maginotlinie - begonnen. Bis zum Jahresende 1937 bauten die Festungspioniere insgesamt 430 Bauwerke unterschiedlicher Stärke und Zweckbestimmung entlang der deutschen Westgrenze. Sie verteilten sich zwischen Irrel und der schweizerischen Grenze bei Basel.[15]

Am 09.03.1938 genehmigte Hitler den Bau von Grenzbefestigungen auch entlang der niederländischen, belgischen und luxemburgischen Grenzen. Am 07.04.1938 folgte der Befehl des Oberkommandos des Heeres zum Bau einer Verteidigungslinie von Brüggen im Norden bis Ormont in der Eifel unter dem Namen „Befestigungen am Niederrhein" oder auch „Pionierprogramm 38". Diese Verteidigungslinie sollte aus einer feldmäßig ausgebauten Hauptkampflinie - an besonders gefährdeten Stellen verstärkt durch Bunker - bestehen.[16] Ab Ende 1936 bis in das Bauprogramm 1938 wurden Regelbauten in B1 = 1 m errichtet. Die Deckenstärke betrug ca. 0,80 m. Es entstanden ca. 65 verschiedene Regelbautypen. Die verhältnismäßig leichten Bunker waren mit Schießscharten ausgestattet, die mit Panzerplatten verkleidet waren. Mit eisernen Panzerkuppeln wurden neun Bunkertypen bestückt. Dennoch waren die Bunker des Pionierprogramms kaum in der Lage, einem längeren Beschuß durch Artillerie standzuhalten. Sie waren deshalb mit einer möglichst großen Zahl von Abwehrwaffen bestückt, um eine abschreckende Wirkung zu erzielen. Der Bau dieser Befestigungen wurde ausschließlich von Festungspioniereinheiten durchgeführt. Das Pionierprogramm war zunächst bis zum Jahre 1942, dann 1948 und schließlich bis 1952 geplant.[17]

Das Limesprogramm (28. Mai 1938 bis Januar 1939)

Die Wochenendkrise vom 21.05. 1938 verschärfte jedoch die außenpolitische Situation. So platzte in das laufende Pionierprogramm am 28.05.1938 Hitlers Befehl zum „beschleunigten Ausbau der Westbefestigungen" herein. Planungen und Bau der Westbefestigungen liefen nach diesem Befehl, in Erinnerung an den römischen Grenzwall in Germanien, unter dem Decknamen LIMES. Das sog. „Limesprogramm" löste das Pionierprogramm ab. Vor allem hatte Hitler mit seinen Planungsvorgaben die deutliche Forcierung des Westwallbaus im Sinn. So sollten im Rahmen des Limesprogramms innerhalb von 4 Monaten (bis zum 01.10.1938) 11.800 Bunker fertiggestellt werden. Mit dem forcierten Ausbau ab Juni 1938 übernahm die Heeresgruppe 2 das Oberkommando. Ihr unterstanden: die Festungspioniere, der Reichsarbeitsdienst (RAD) und die Organisation Todt (OT). Die Baustärke der Bunker betrug nun 1,50 m.[18] Doch bereits im Dezember des Jahres 1938 befahl Hitler die Verstärkung der Wandstärke der Bunker des laufenden Limesprogramms von 1,50 m auf 2,00 m. Am 2. Juni 1938 lagen 11 neue Bautypen für das Limes-Programm „Bunker" vor. Anfang August 1938 standen 44 Regelbautypen zur Verfügung. Mit dem Limesprogramm war eine neue Konzeption des „Kampffeldes für die Abwehrschlacht" zu realisieren. Daher wurden nur vereinzelt Bauten aus dem bisher laufenden Programm übernommen. Auch wurden die Bunker vereinfacht: so sollte die Fertigung von Bunkertypen, die bisher ihrem Standort bis ins Detail angepaßt wurden (die sog. „individuellen Bauten"), eingestellt werden. Statt dessen sollten die Bauten auf wenige, variable Grundformen reduziert werden. Die Limesbauten besaßen alle normalerweise gepanzerte Scharten. Im Laufe des Jahres 1938 standen zeitweise zu wenige Panzerplatten zur Verfügung. Daher wurden, vor allem am Oberrhein, vereinzelt Mauerscharten eingebaut. Es kam auch vor, daß Panzerplatten ausgespart und später ergänzt wurden. Die Vereinfachung der Bunker und die Beschränkungen hatten zum Ziel, daß sich die Industrie auf eine verringerte Anzahl von Bunkertypen konzentrieren konnte. Es sollte auf diese Weise möglich werden, mehr Bauten in kürzerer Zeit fertigzustellen.

Trotz großer Anstrengungen gelang es nicht, das von Hitler für den 1. Oktober 1938 vorgegebene Ziel zu erreichen. Ende 1938 konnten 945 Bunker verschiedener Art dem Heer übergeben werden. Von 10.024 im Bau befindlichen Anlagen waren 8.274 fertig betoniert, 4.914 behelfsmäßig zu verteidigen.[19]

Das Aachen-Saar-Programm (ab Januar 1939)

Schließlich wurden auch die Städte Aachen und Saarbrücken im Rahmen des „Aachen-Saar-Programms" wegen ihrer wirtschaftlichen Bedeu-

Typ 106a MG-Kasematte mit Gruppenunterstand

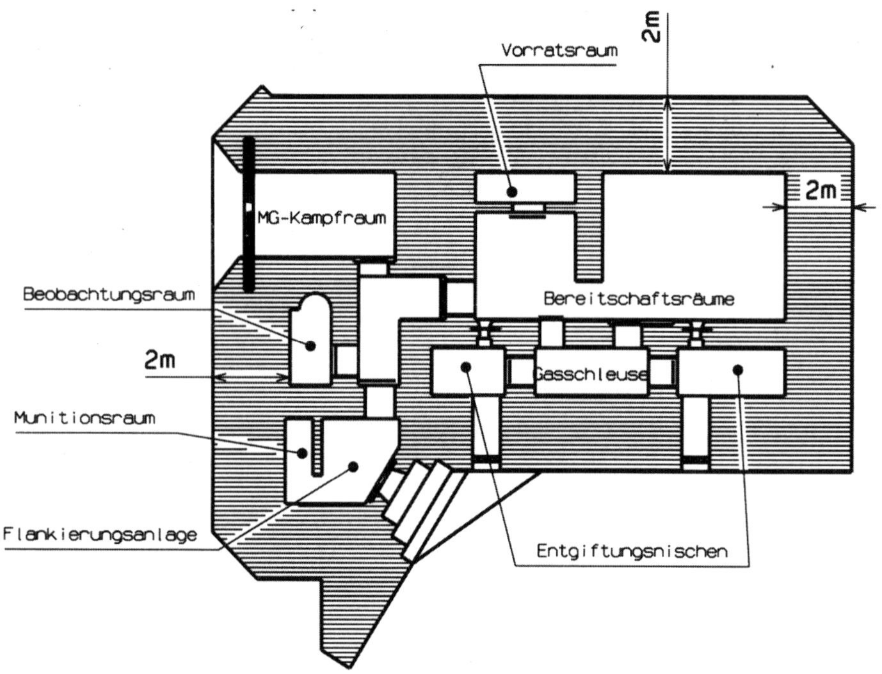

Ein typischer Bunker des Aachen-Saar-Programms:
Der Bunker hatte eine Größe von 9,70 x 17,50 m, bei welchem 768 Kubikmeter Beton verbaut wurden. Außer den beiden Eingängen und der Gasschleuse besaß er noch weitere sieben Räume: darunter einen 2,80 x 2,80 m großen Bereitschaftsraum mit 6 Betten für die MG-Bedienung und einen größeren Bereitschaftsraum (3,80 x 4,90 m) mit 12 Betten für eine Infanteriegruppe. Insgesamt wurden von diesem Typ 144 Bunker entlang des Westwalls gebaut. Zeichnung: Markus Jahn

tung in die Befestigungen einbezogen. Dies geschah Anfang des Jahres 1939, nachdem der offizielle Beschluß am 09.10.1938 vorangegangen war. Die Baustärke der Bunker betrug 2,00 m.[20] Ein verändertes Konzept zum Bau der Bunker hatte zur Folge, daß das bisherige Mindestplatzangebot pro Mann von 1 m^2 auf 1,3-1,4 m^2 erhöht wurde. Die Bunker des Pionier- und Limesprogramms hatten außerdem den Nachteil, daß für die notwendige Verpflegung und Munition zu wenig Stauraum vorhanden war. Auch dieses Problem wurde mittels des Aachen-Saar-Programms behoben, indem spezielle Vorratsräume für Lebensmittel und Munition angelegt wurden. [21]

Die Bauorganisation

Zeitgenössischen Berichten zur Folge war etwa eine halbe Million Arbeiter am Westwallbau beteiligt. Die Propaganda verkündete, daß 100.000 Mann vom Reichsarbeitsdienst (RAD), 90.000 Facharbeiter und Festungspioniere sowie etwa 300.000 Mann von der Organisation Todt (OT) im Westen eingesetzt waren. Genaue Zahlen lassen sich heute nicht mehr ermitteln. Nach heutiger Aktenlage waren am 1. September 1938 zwischen Niederrhein und Basel vermutlich drei Arbeitsgaue des RADs mit 58.500 Mann eingesetzt. Zu diesen kamen noch einmal 56.000 Arbeitskräfte der Festungspioniere. Der größte Teil der Arbeiter, zeitweise bis zu 350.000, war in der OT zusammengefaßt.[22] Die OT beinhaltete im Zeitraum des Westwallbaus verschiedene private Bau- und Spezialfirmen, Transportunternehmen, Baubehörden und eine Bauaufsicht mit einer Vielzahl von erfahrenen Bauingenieuren. Die Baufirmen kamen aus dem ganzen Reich und wurden für den Westwallbau zusammengezogen. Sie stellten die notwendige Gerätschaft und ihre Fähigkeiten für den Westwallbau zur Verfügung. Die Arbeiter wurden in Arbeitslagern untergebracht, die vom Reichsarbeitsdienst errichtet wurden. Die notwendigen Baracken wurden von den Arbeitsdienstmännern aufgebaut und konnten von ihnen nach Beendigung der mitunter jahrelangen Arbeiten an einem Standort abgebaut werden, um an einem anderen Standort erneut errichtet zu werden.[23] Um die Unterbringung dieser Arbeitermassen in den oft dünn besiedelten Grenzgebieten zu gewährleisten, mußte auch auf provisorische Unterkünfte wie z.B. Schulen, Gaststätten, Privatunterkünfte und Klöster zurückgegriffen werden.

Für die Bauplanungen (Entwurfs- und Ausführungsbestimmungen) waren die Festungspionierstäbe verantwortlich, mit der Ausführung der Bauarbeiten (bisher in den Händen der Festungspionierstäbe) wurde ab Anfang Juni 1938 die Organisation Todt beauftragt. Diese war für die Vergabe der einzelnen Bauabschnitte an die

Die Höckerhindernisse werden von ihren Verschalungen befreit.

Baufirmen und die Einteilung der Arbeitskräfte und Materialien verantwortlich. Die Planungen der Festungspioniere konnten nötigenfalls vor Ort von den Baufirmen den Gegebenheiten angepaßt und leicht verändert werden.

An den Baustellen herrschte Arbeitsteilung

Mit dem Bau des Westwalls wurde gleichzeitig an mehreren Stellen begonnen. Der Standort jedes einzelnen Bunkers wurde zunächst vermessen und markiert. Anschließend begann man mit den aufwendigen Aushubarbeiten. Diese Arbeiten erfolgten - mit Ausnahme von einzelnen Großbaustellen - ohne nennenswerte Hilfe von schweren Maschinen, wie z.B. Raupen und Bagger. Die Baufirmen erhielten für die Errichtung der Bunker die sog. „Regelbaupläne". In diesen waren, wenn als notwendig erachtet, ortsspezifische Veränderungen enthalten.

Nachdem die für den Bau erforderlichen Materialien durch Transportunternehmen angeliefert worden waren, konnten Mitarbeiter der Organisation Todt mit der Erstellung des Rohbaus beginnen. Zunächst erfolgte die Betonierung des Bunkerbodens. Anschließend erfolgten die Armierungsarbeiten. Bereits nach kurzer Zeit konnten auf dem Boden Wände und Decken betoniert werden. Dies war möglich, da hochwertiger Schnellbinder-Beton verwendet wurde.

Beton- und Erdarbeiten an der Höckerlinie

"In Reihen stehen die Beton-Maschinen, unermüdlich arbeiten die Motoren; die Maschinen mit den Aufzügen und Mischtrommeln machen einen Heidenlärm. Von der einen Seite rollen die Lastwagen mit Material, von der anderen die Rollwagen mit Zement heran."

Westwallarbeiter beim Bau eines Panzerwerks

Sprach- wie Belüftungsrohre und Panzerteile wurden gleich mit einbetoniert. Von Schlossern wurden Türen und Panzerplatten befestigt, und Elektriker verlegten in einzelnen Anlagen Leitungen (in rückwärtigen Stellungen stellten Dieselstationen den nötigen Strom her). Wände und Decken wurden gestrichen, Inschriften angebracht und Regale u.a. von Tischlern gefertigt.

Die Bewaffnung der Bunker wurde von den Festungspionierstäben übernommen. Anschließend wurden die fertiggestellten Anlagen von den Festungspionieren und von RAD-Männern getarnt. Der Bau der Höckerlinie erfolgte in ähnlicher Weise.[25]

Der volle Ausbau der Stellungen mit Verbindungsgräben zwischen den einzelnen Bunkern sollte allerdings erst kurz vor einem Ernstfall erfolgen. Das Vorfeld der Höckerlinie sollte durch Minenstreifen und Festungsstacheldraht abgesichert werden.
Bis zur Übernahme durch reguläre Truppen übernahmen ausgebildete Wallmeister die Sicherung und Überwachung der Anlagen.

Am 1. September 1939 zählte man am Westwall, ohne Luftverteidigungszone West, 14.275 Betonbauten, davon 11.167 Bunker für die Infanterie, 1.160 Pak-Stände, 1.809 Stände für die Artillerie und 139 Bauwerke verschiedener Zweckbestimmung.[26]

„Goldgräberzeit“ in Merkstein bei Aachen

Ludwig Kahlen, ein Heimathistoriker aus Merkstein bei Aachen, erinnert sich in seinem „Kommunalen Tagebuch“, wie sich der Westwallbau in seiner Gemeinde bemerkbar machte:
Als das hier mit dem Westwall losging, glaubte man, die Goldgräberzeit sei wiedergekommen. Das Leben der Gemeinde wurde vom Bau der Befestigungen beherrscht. Täglich rollten mit dem Bus Hunderte von Arbeitern an. Lastzüge schleppten das Material heran, ununterbrochen, denn die Betonmischer kreischten Tag und Nacht auf den Baustellen. In den Wirtschaften herrschte Hochbetrieb. [...]
Die ersten Soldaten, die eine Aufgabe in Verbindung mit dem Westwall hatten, trafen in Merkstein im Mai 1938 ein. Es handelte sich um eine Kompanie Pioniere des 19. Pionierbataillons Holzminden. Als sie über den Lindenknipp nach Merkstein einmarschierten - ein Hauptmann zu Pferde voran - wurden sie von Polizeimeister Frankenne begrüßt. Die Bevölkerung nahm die Feldgrauen herzlich auf. Sie wurden in Privatquartieren untergebracht. Einige sind heute noch hier - als brave Ehemänner Merksteiner Frauen.[24]

Unfälle

Die Bauarbeiten waren für die Arbeiter nicht ungefährlich. So kam es, trotz Sicherheitsmaßnahmen, vereinzelt zu schweren Unfällen auf den Baustellen. Auch Todesfälle haben sich während der Arbeiten ereignet. In Alzen bei Monschau wurde in Folge mangelnder Absprache ein Arbeiter mit einer Ladung Beton zugekippt, also einbetoniert. Sein Fehlen wurde zu spät bemerkt. Ein Kreuz an der Unfallstelle erinnerte bis vor kurzem an diesen tragischen Vorfall.[27]

Kosten

Der Westwallbau hatte eine enorme Bedeutung für die Wirtschaft, was einige statistische Werte verdeutlichen: Seit dem Start des Limesprogramms bis zum Ausbruch des Krieges am 1. September 1939, wurden 5 % der Jahreserzeugung an Eisen, 8 % der Holzproduktion und 20 % der Zementerzeugung verbraucht.[28] Die Kosten des Westwalls seit dem 28.05.1938 sind mit etwa 3,5 Milliarden Reichsmark zu beziffern.[29]

Der Westwallbau fordert die Herbeischaffung großer Arbeitermassen:

Die Dienstpflichtverordnung vom 22. Juni 1938

Um den Ausbau des Westwalls schnellstmöglich voranzutreiben, war es notwendig, auf eine große Anzahl von Arbeitern zurückgreifen zu können. Als am 28.05.1938 Hitler den beschleunigten Ausbau der Westbefestigungen befahl und gleichzeitig die Fertigstellung von über 11.000 betonierten Kampfständen[30] bis zum 01.10.1938 forderte, herrschte auf dem damaligen Arbeitsmarkt eine spürbare Verknappung von Arbeitskräften. Im Jahre 1936 wurde im Deutschen Reich eine Vollbeschäftigung erreicht.

Um aus diesem Dilemma herauszukommen, reagierten die Verantwortlichen sehr schnell.
Am 01.07.1938 trat die von Göring erlassene „Verordnung über die Si-

Verordnung zur Sicherstellung des Kräftebedarfs für Aufgaben von besonderer staatspolitischer Bedeutung.

Vom 22. Juni 1938.

Damit für besonders bedeutsame Aufgaben, deren Durchführung aus staatspolitischen Gründen keinen Aufschub duldet, rechtzeitig die benötigten Arbeitskräfte bereitgestellt werden können, muß die Möglichkeit geschaffen werden, vorübergehend auch auf anderweit gebundene Arbeitskräfte zurückzugreifen. Auf Grund der Verordnung zur Durchführung des Vierjahresplans vom 18. Oktober 1936 (Reichsgesetzbl. I S. 887) bestimme ich daher folgendes:

§ 1.

Deutsche Staatsangehörige können vom Präsidenten der Reichsanstalt für Arbeitsvermittlung und Arbeitslosenversicherung für eine begrenzte Zeit verpflichtet werden, auf einem ihnen zugewiesenen Arbeitsplatz Dienste zu leisten oder sich einer bestimmten beruflichen Ausbildung zu unterziehen.

§ 2.

Für das neue Dienst- oder Ausbildungsverhältnis gelten die allgemeinen dienst- und sozialversicherungsrechtlichen Vorschriften. Das Dienst- oder Ausbildungsverhältnis darf jedoch nur mit Zustimmung des Präsidenten der Reichsanstalt für Arbeitsvermittlung und Arbeitslosenversicherung gelöst werden.

§ 3.

Die Dienst- oder Ausbildungsverpflichteten, die bei ihrer Einberufung in einem Beschäftigungsverhältnis stehen, sind aus diesem für die Dauer der Verpflichtung zu beurlauben. Während der Beurlaubung darf das bisherige Beschäftigungsverhältnis nicht gekündigt werden. Der Dienstverpflichtete hat während der Dauer der Beurlaubung keinen Anspruch auf Gewährung von Arbeitsentgelt und sonstigen Bezügen aus seinem bisherigen Beschäftigungsverhältnis. Im übrigen gilt die Zeit der auf Grund dieser Verordnung erfüllten Dienstverpflichtung als Beschäftigungszeit in der bisherigen Arbeitsstelle.

§ 4.

Die zur Durchführung und Ergänzung dieser Verordnung erforderlichen Vorschriften erläßt der Präsident der Reichsanstalt für Arbeitsvermittlung und Arbeitslosenversicherung.

§ 5.

Diese Verordnung tritt am 1. Juli 1938 in Kraft.

Berlin, den 22. Juni 1938.

Der Beauftragte für den Vierjahresplan:
Göring,
Ministerpräsident.

Die dienstverpflichteten Arbeiter wurden oft sehr kurzfristig von ihrem Einsatz im Westen des Reiches unterrichtet.
Theo Kutsch, 74 Jahre, aus Herzogenrath hatte die Auswirkungen der Dienstpflicht-Verordnung in der eigenen Familie erfahren:
Wie rigoros die Dienstverpflichtung zur OT vor sich ging, daß habe ich aus persönlichem Erleben noch in bester Erinnerung: mein Onkel, A.B., war in Aachen in einer damals sehr bedeutenden Tuchfabrik tätig. Er war zuständig für die gesamte kaufmännische Verwaltung des privaten Unternehmens. Im Sommer 1938 erhielt er ohne jede „Voranmeldung" die Nachricht, daß er sich ab dem 1. des nächstfolgenden Monats in Arsbeck bei Wegberg (Kreis Heinsberg) bei der dortigen Stabsstelle der OT zu melden habe. Er mußte dann die Abrechnungsmethode einführen und für acht Monate die Materialversorgung überwachen.

cherstellung des Kräftebedarfs für Aufgaben von besonderer staatspolitischer Bedeutung" in Kraft.[31] Sie wurde verkürzt auch „Dienstpflicht-Verordnung" genannt.
Fortan konnte jeder Arbeiter und Angestellte aus seinem bisherigen Arbeitsverhältnis - zunächst befristet, ab dem 13.02.1939 unbefristet - herausgenommen werden. Die so gewonnenen Arbeitskräfte konnten nun zu Aufgaben herangezogen werden, die von „besonderer staatspolitischer Bedeutung" waren. Es handelte sich also um eine Regulierung des Arbeitskräftebedarfs, die ausschließlich vom Staat erfolgte. Die Arbeitsmotivation der Dienstverpflichteten war sehr unterschiedlich. Unter den bunt zusammengewürfelten Zwangsverpflichteten befanden sich naturgemäß sehr motivierte, von der Notwendigkeit des Westwalls überzeugte Arbeiter, aber auch „arbeitsunwillige Elemente", so die damalige Bezeichnung. Ein Nachteil dieser Verordnung zeigte sich wenig später beim Westwallbau: es gab mitunter starke Unterschiede zwischen den Fähigkeiten der Zwangsverpflichteten. Die kurioseste Zusammensetzung hatte ein in der Hauptstadt Berlin zusammengestellter Sammeltransport, der für den Einsatz im Saarland bestimmt war. Dieser 1000 Personen starke Transport bestand hauptsächlich aus Kellnern, Barmixern, Fahrstuhlführern, Croupiers und Filmkomparsen.[32]
Die Dienstpflichtverordnung nützte später u.a. der Rüstungsindustrie, die mit genügend Arbeitskräften versorgt werden konnte. Im Januar 1943 wurde die Dienstverpflichtung auch auf Frauen zwischen 17 und 45 Jahren ausgedehnt.

Generalinspektor Reichsminister Todt auf einer Baustelle am Westwall

Die Organisation Todt (OT)

Ermöglicht durch die Dienstpflicht-Verordnung konnten binnen kürzester Zeit 400.000 Männer zum Westwallbau rekrutiert werden.[33] Sie wurden zum größten Teil in der Organisation Todt - kurz OT genannt - zusammengefaßt. Diese Westwallbautruppe wurde nach dem Generalinspektor für das deutsche Straßenwesen, Dr. Fritz Todt, benannt. Im September 1938 hatte die Bautruppe bereits eine Gesamtstärke von 278.000 Mann. Die Organisation Todt war für den Bau militärischer Anlagen zuständig. Sie unterstand nicht dem Oberkommando des Heeres.[34] Die OT wurde sehr schnell eine bedeutende Organisation im Dritten Reich. Fritz Todt wurde am 09.06.1938 mit dem Bau des Westwalls beauftragt. Wenige Tage später, am 14. Juni erhielt er eine Generalvollmacht, die es ihm ermöglichte, sämtliche Kräfte und Materialien, die zur Ausführung des Limesprogramms benötigt wurden, heranzuziehen.[35] Damit wurde die Verantwortung für die Landesverteidigung den eigentlich hierfür zuständigen, militärischen Stellen entzogen.[36] Aufgrund dessen entstanden Spannungen zwischen Militär und OT, denn Todt hatte nun als Zivilist Vollmachten, die das Militär bisher nicht besessen hatte.
Nach dem Bau des Westwalls führte die OT während des Krieges Instandsetzungsarbeiten an zerstörten oder beschädigten Brücken, Eisenbahnli-

nien und Straßen im Reich sowie in den besetzten Gebieten aus. Ferner war sie mit der Errichtung weiterer Befestigungen (u.a. dem Atlantikwall) beschäftigt. Es wurden auch Häftlinge der Konzentrationslager und Kriegsgefangene herangezogen. Ende 1944 verfügte die OT über 1,36 Millionen erdbraun uniformierte Arbeiter, die mit Gasmaske und Stahlhelm ausgerüstet waren.

Der Reichsarbeitsdienst (RAD)

Über eine Dienstpflicht für Jugendliche wurde bereits in der Weimarer Republik, besonders während der Weltwirtschaftskrise (1929), als ein mögliches Mittel zur Bekämpfung der Jugendarbeitslosigkeit, diskutiert.
Im Jahre 1931 wurden die Grundlagen für einen freiwilligen Dienst erstmals geschaffen. Finanziert wurde diese neue Einrichtung von der Reichsanstalt für Arbeitsvermittlung.[37]
Die Nationalsozialisten übernahmen diese Einrichtung, beseitigten aber die Freiwilligkeit. So wurde ein Jahr nach der Machtergreifung zunächst eine Arbeitsdienstpflicht für Studenten eingeführt. Nur derjenige Student, der zuvor seinen Arbeitsdienst absolviert hatte, wurde zum Studium zugelassen.[38] Es folgte das Gesetz über eine allgemeine Dienstpflicht vom 26.06.1935, in dem für alle männlichen Arbeitskräfte von 18-25 Jahren eine halbjährige Arbeitspflicht eingeführt wurde. Für junge Frauen existierte ab dem 01.04.1936 ein freiwilliger Arbeitsdienst, ein Pflichtjahr wurde für sie 1939 eingeführt. Mit dem Gesetz über die allgemeine Dienstpflicht war die gesetzliche Grundlage für den Reichsarbeitsdienst, kurz RAD, geschaffen worden. Konstantin Hierl, langjähriger Weggefährte Hitlers, wurde zum Reichsarbeitsführer ernannt. Ein Ausschnitt aus dem Reichsarbeitsdienstgesetz verdeutlicht, wie die Nationalsoziali-

Der Reichsarbeitsdienst beim Hindernisbau

Walter Steinmetz, 77 Jahre, aus Herzogenrath-Kohlscheid erinnert sich an seine damalige Zeit im Reichsarbeitsdienst:
Ich wurde nach meiner Lehrzeit am 11.07.1940 zum Reichsarbeitsdienst, kurz RAD genannt, eingezogen. Mit mir wurden überwiegend Abiturienten und Schüler in das Lager Reifferscheid bei Hellenthal in der Eifel geschickt. Nach acht Tagen gammeln, d.h. Einkleidung und deutschen Gruß üben, kamen wir, 180 Mann, in das Lager Süggerath bei Geilenkirchen (RAD-Abteilung K 3-314 (W III)), nördlich von Aachen. Unsere Ausbilder waren aus dem bayerischen Raum und nahmen uns, besonders die Abiturienten, scharf heran. Morgens war immer Grundausbildung (Exerzieren) und nachmittags wurde am Westwall gearbeitet. Wir demontierten Drahthindernisse, Stacheldrahtzäune und sog. Spanische Reiter. Sport wurde wegen der Körperertüchtigung großgeschrieben. Die Sportlichsten, wozu ich, ohne stolz zu sein, auch gehörte, wurden in einem Zug zu vierzig Mann zusammengefaßt. Hier wurden wir im Parade- und Stechschritt gedrillt, um beim Parteitag des Sieges im September 1940 in Nürnberg am Führer Adolf Hitler vorbei zu paradieren. Aber es sollte anders kommen: ich wurde am 26.09.1940 nach drei Monaten aus dem RAD entlassen. Zuhause in Köln-Vingst angekommen, lag bereits der Stellungsbefehl, d.h. die sog. Einberufung auf dem Tisch: „Sie haben sich zum Dienst in der Deutschen Wehrmacht am 04.10.1940 in Berlin-Stahnsdorf bei der Nachrichtenersatzabteilung 23 in der Ludendorffkaserne zu melden."

sten Aufgabe und Bedeutung des RAD definierten:

> Abschnitt I
> Der Reichsarbeitsdienst
> §1
> *(1) Der Reichsarbeitsdienst ist Ehrendienst am deutschen Volke.*
> *(2) Alle jungen Deutschen beiderlei Geschlechts sind verpflichtet, ihrem Volk im Reichsarbeitsdienst zu dienen.*
> *(3) Der Reichsarbeitsdienst soll die deutsche Jugend im Geiste des Nationalsozialismus zur Volksgemeinschaft und zur wahren Arbeitsauffassung, vor allem zur gebührenden Achtung der Landarbeit erziehen.*
> *(4) Der Reichsarbeitsdienst ist zur Durchführung gemeinnütziger Arbeiten bestimmt. [...]*[39]

Wie sich aus dem Gesetz unschwer erkennen läßt, war es ein Ziel der Nationalsozialisten, das Bewußtsein der Volksgemeinschaft durch das gemeinsame Arbeitserlebnis der jungen Menschen zu stärken.

Auch war eine politische Schulung der RAD-Männer während ihrer Ableistung beabsichtigt. Aufgrund fehlenden Personals konnte dieses Vorhaben jedoch nicht in die Tat umgesetzt werden.[40] Der Reichsarbeitsdienst war ein fester Bestandteil im Leben eines jeden jungen Deutschen im Dritten Reich.[41] Der erste gesetzlich eingezogene Jahrgang von Verpflichteten trat am 01.10.1935 seinen Dienst an.[42] Die Gesamtstärke des RADs betrug im Jahre 1935 in etwa 200.000 Mann. Bis zum Kriegsausbruch im Jahre 1939 wurde sie auf 350.000 erhöht. Die Arbeitsmänner dienten in geschlossenen Einheiten. Ihre Aufgaben waren vielfältig: Kultivierungsarbeiten (Erd- und Forstarbeiten), Straßenbau, landwirtschaftliche Tätigkeiten, Mitarbeit beim Bau der Autobahnen und schließlich auch Hilfsdienste für die Wehrmacht. Bei der Errichtung des Westwalls war der RAD beteiligt.[43] Dabei führten die RAD-Männer hauptsächlich folgende Arbeiten durch: Beschütten der erstellten Bunker, Hindernis- und Wegebau, Tarnung der Bunker, Kabelverlegung, Freimachen des Schußfeldes, Bau von Feuerstellungen für die Infanterie, Bau von Feldbefestigungen, Aushub von Drainagegräben, Transportarbeiten, Lagerbau und ab Oktober 1938 auch vereinzelt Betonierungen.[44]

Im September 1938 waren etwa 58.000 Mann beim Westwallbau eingesetzt. Auch die Entwaffnung des Westwalls nach dem erfolgreichen Frankreichfeldzug im Jahre 1940 wurde von RAD-Einheiten durchgeführt. Frauen leisteten ihren Dienst zumeist in der Landwirtschaft und in bäuerlichen Haushalten ab.

Arbeitsmänner beim Ausschachten im felsigen Boden

Bilder unten:
Die einzigen Bunkeranlagen, die ausschließlich vom RAD gebaut wurden, befinden sich in der Nähe von Stolberg. Der Führer des hiesigen Arbeitsgaues, Schinnerer, ließ die Unterstände von seinen Männern anlegen, um Hitler zu beweisen, dass der RAD selbständig einfache Bunker bauen konnte. Während einer geheimen Inspektionsreise zu den Westbefestigungen besichtigte Adolf Hitler im August 1938 diese schlichten Bauwerke. Sie sind bis heute erhalten geblieben und begehbar.

Vereidigung der Arbeitsmänner nach der Grundausbildung, Reichsarbeitsdienstlager in Gemünd

Am 08.06.1938 wurde eine militärische Schulung des RAD durch das Oberkommando des Heeres auf Weisung Hitlers angeordnet: die RAD-Männer sollten mittels einer dreimonatigen Schulung in die Lage versetzt werden, einen Befestigungsabschnitt für einen begrenzten Zeitraum zu halten. Doch aufgrund des geringen Ausbildungsstands und dem Fehlen der Struktur einer militärischen Truppe mit Führungs- und Versorgungsapparat wurde ein militärischer Einsatz des RAD allgemein abgelehnt.[45] Während des Krieges war der Reichsarbeitsdienst in vielen besetzten Ländern eingesetzt.[46]

Der Westwall wird Frontgebiet:

Der Zeitraum 1939-1940

Die deutsche Presse lobte den Westwall im Spätsommer des Jahres 1939 fast täglich als „Unbezwingbarer Schutzwall aus Stahl und Beton“. Es hieß u.a., „Spezialtruppen“ stünden bereit, um die Befestigungen gegen jeden Gegner erfolgreich zu verteidigen.
In der Realität sah das ganz anders aus: die „Spezialtruppen“ verdienten ihren Namen nicht, da sie keineswegs aus hochqualifizierten Soldaten bestanden. Auch der Westwall war zu diesem Zeitpunkt nur mangelhaft ausgebaut.

Truppen besetzen die „Baustelle Westwall“

Am 26. August 1939 erfolgte die deutsche Mobilmachung. Gleichzeitig besetzten Grenzwachtregimenter und reguläre Truppen den Westwall. Die Grenzwacht bestand aus wehrpflichtigen Männern aus den Zollgrenzbezirken. Sie wurden überwiegend von Zollbeamten ausgebildet, die ihre Kentnisse in einer zwölfjährigen Dienstzeit bei der Reichswehr gewonnen hatten. Die Grenzwächter lernten während ihrer Ausbildung, die an Wochenenden stattfand, den Umgang mit Handgranate, Karabiner und Maschinengewehr.
Der Zustand des Westwalls wies noch erhebliche Mängel auf. Vorhanden war lediglich ein durchlaufendes Drahthindernis. Die Mehrzahl der Bunker war zu diesem Zeitpunkt noch nicht mit den vorgesehenen Waffen bestückt worden. Auch die geplanten, stählernen Panzerplatten waren an den meisten Bunkern noch nicht angebracht worden. So waren viele der bereits betonierten Bunker nicht oder nur begrenzt verteidigungsfähig.
Im Herbst des Jahres 1939 wurde das Land entlang der Westgrenze, etwa 10-15 km tief, zur „Roten Zone“ erklärt. Die Bewohner der gefährdeten Grenzregionen wurden in die verschiedensten Gebiete des Reiches zwangsevakuiert.

Im Hinterland wird ausgebildet

Kurz nach Kriegsbeginn wurden die Grenzwachtregimenter mit regulären Truppen ergänzt. Jedoch konnte auch hier nicht die Rede von „Spezialtruppen“ sein.[47] Einige Truppenteile waren für den Kampf in befestigten Stellungen nicht ausgebildet und auch für den Abwehrkampf nur bedingt einsatzfähig. Die Ausbildung der Truppen konnte jedoch nachgeholt werden, denn in dem nun folgenden, achtmonatigen Sitzkrieg wurden einzelne Divisionen aus der Front herausgezogen und im Hinter-

Schwere Straßensperre des Westwalls. In die Aussparungen konnten im Ernstfall Doppel-T-Träger eingelegt werden. Im Vordergrund ein Infanteriehindernis.

land des Westwalls ausgebildet.[48]
Für Frankreich und England, deren Kriegserklärungen an Deutschland am 3. September 1939 erfolgten, wäre es nicht schwierig gewesen, den noch unfertigen und von wenigen kampfkräftigen Divisionen besetzten Westwall zu durchbrechen. Doch die französischen Truppen beschränkten sich auf Angriffe in geringer Truppenstärke, Luftaufklärung und das Aussenden von Spähtrupps oder schossen Störfeuer gegen einzelne Stellungen des Westwalls.[49]
Weitere Verstärkungen deutscherseits kamen erst nach Ende des Polenfeldzuges hinzu. Laufend trafen im Osten entbehrlich gewordene Divisionen im Hinterland des Westwalls ein. Nun konnte dazu übergegangen werden, aus der bisherigen Defensive eine Angriffsoperation im Westen vorzubereiten.[50]
Der Westwall diente am 10. Mai 1940 als Ausgangsstellung, sozusagen als „Sprungbrett" für den Angriff auf Frankreich. Gleichzeitig sollte er als Auffangstellung dienen, falls die Wehrmacht bei ihrem Angriff zurückgeschlagen werden sollte.[51]
Nach dem erfolgreichen Frankreichfeldzug hatte der Westwall „seine Schuldigkeit getan". Er wurde überwiegend von Reichsarbeitsdiensteinheiten, meist zu Gunsten des Atlantikwalls, entwaffnet. Die gesamte Inneneinrichtung wurde - soweit möglich - ausgebaut, insbesondere die sehr wertvollen optischen Geräte. Die ausgebauten Teile wurden im Inneren des Reiches, in sog. Pionierparks, gelagert. Hindernisse und Feldbefestigungen wurden entfernt, die Höckerhindernisse an den Stellen durch Überbrückungen wieder begehbar gemacht, wo vorher Wege blockiert waren. Es wurde ruhig um den Westwall.[52] Auf ausdrücklichen Befehl Hitlers hin sollte er, trotz aller Desarmierungen, erhalten bleiben.

Propagandaaufnahmen:
Oben: Bunkerbesatzung bei der Bedienung einer Feldhaubitze
Unten links: Soldat mit Karabiner 98 und 2 MG-Munitionskästen
Unten rechts: Bereitschaftsraum

Der Westwall 1944

Am 6. Juni 1944 landeten die Alliierten erfolgreich in der Normandie. Der Sturm auf Hitlers „Festung Europa" begann. Der Atlantikwall wurde überwunden, und die seit langem geforderte dritte Front gegen Deutschland war damit geschaffen. Nach schweren Abwehrkämpfen der Wehrmacht gelang den Alliierten am 30. Juli der Durchbruch in Nordfrankreich. Der deutsche Widerstand in Paris wurde am 25. August eingestellt.

Die Front rückt näher!

Der schnelle Vormarsch der alliierten Truppen ging weiter. Es schien, als ob er nicht zu bremsen sei. In Anbetracht ihrer Erfolge und des bis dahin schwachen deutschen Widerstandes hatten die Alliierten die Hoffnung, noch vor Jahresende den Rhein zu überqueren und den Krieg gegen Deutschland weiter östlich zu beenden.

Zwei Wochen später, Mitte September, standen amerikanische Truppen bereits an der Reichsgrenze.
Aber es kam anders. Am Westwall hatte die Wehrmacht noch einmal eine Verteidigungslinie aufgebaut. Der rasante Vormarsch konnte aufgehalten werden, und aus dem Bewegungskrieg entwickelte sich noch einmal ein Stellungskrieg. In den Monaten Juli und August 1944 hatte man sich deutscherseits mit der Wiederherstellung der Verteidigungsbereitschaft beschäftigt. Albert Speer, Reichsminister für Bewaffnung und Munition, wandte sich am 9. August an Hitler und regte an, den Westwall durch den Bau von feldmäßigen Stellungen zu verstärken. Sehr spät, am 24. August, kam dann ein von Hitler unterzeichneter „Befehl über den Ausbau der deutschen Weststellung" mit Mitteln eines Volksaufgebotes. Die Leitung wurde den Gauleitern der einzelnen Westgaue, der militärische Teil dem Befehlshaber des Ersatzheeres (BdE), Heinrich Himmler, übertragen. Vorrangig sollten durchgehende Panzerhindernisse und ein tiefgegliedertes Stellungssystem erstellt werden.

Verteidigung mit Hacke und Spaten

Aufgrund dieses Befehls wurden nun Frauen, ältere Männer, Kriegsgefangene, RAD-Einheiten und notdienstverpflichtete Arbeiter aus dem Inneren des Reiches zu Schanzarbeiten herangezogen. Auch die Jugend, Jungen über 15 und Mädchen über 16 Jahren, wurde zum Ausbau der Weststellung eingesetzt. Die Schanzarbeiten begannen am 4. September 1944. Insgesamt hatten die Verantwortlichen gehofft, innerhalb kurzer Zeit, wie bei den Schanzarbeiten im Osten, rund eine Million Menschen am Westwall mobilisieren zu können. Mitte September waren es jedoch lediglich 235.000 Personen.
Die eingesetzten Schanzarbeiter waren oft nur unzureichend ausgerüstet. Spaten und Hacke waren die einzigen Hilfsmittel. Als Unterkünfte dienten den Arbeitern u.a. die mittlerweile geschlossenen Schulen.
Der Ausbau der Stellungen ging anfangs sehr planlos vonstatten. Es gab oft keine sachlich durchdachte und

Schanzarbeiter aus dem Raum Aachen auf dem Weg zu ihrem Einsatz. Im Hintergrund ein Westwallbunker.

mit dem Militär abgesprochene Vorgehensweise. Eine Vielzahl mühevoll erstellter Panzergräben waren völlig nutzlos angelegt worden. Den mit der Leitung beauftragten Parteigrößen ging es oft nur darum, hohe Zahlen an Himmler melden zu können. Anfang September rückten Festungspionierstäbe in die Weststellung ein. Diese brachten etwas mehr Ordnung in die Befestigungsarbeiten.[53]

In den Bunkern lagerten Kartoffeln

Der erneute Ausbau und die Wiederherstellung der Verteidigungsbereitschaft des Westwalls wurde sehr spät in Angriff genommen. Am 1. September 1944, genau fünf Jahre nach Kriegsbeginn, wurde dem Befehlshaber des Ersatzheeres die sofortige Sicherung und Verteidigung der Weststellung und des Westwalls übertragen. Für die Besetzung der Bunker standen jedoch Anfang September 1944 keine aktiven Kampfverbände des Feldheeres zur Verfügung. Es mußte daher auf Ausbildungs-, Ersatz-, und Geneseneneinheiten zurückgegriffen werden.[54] Der Zustand der Bunker war katastrophal. Teilweise standen sie unter Wasser oder dienten den Bauern seit Jahren als Lagerstätte für landwirtschaftliche Erzeugnisse. In einigen Fällen erreichte die kämpfende Truppe den Westwall so schnell, daß diese selbst die Instandsetzung der Anlagen übernehmen mußte. In nicht wenigen Fällen stand man vor verschlossenen Türen, da sich die Schlüssel nicht mehr auftreiben ließen.[55] Die Soldaten mußten die Türen aufbrechen. Das Schußfeld mußte wiederhergestellt werden. Auch das Nachrichtensystem des Westwalls, das Festungskabelnetz, hatte aufgrund der jahrelangen Vernachläßigung stark gelitten. Schon bald zeigten sich neben dem Mangel an Arbeitskräften und Festungsmaterialien, wie z.B. Stacheldraht und Minen, auch Unzulänglichkeiten an den Bunkern, die der Weiterentwicklung der Waffen nicht hatten folgen können. Weiterentwicklungen, wie z.B. das MG 42 (auch „Adolf-Hitler-Säge" genannt), konnten aufgrund technischer Probleme in den Bunkern nicht zum Einsatz kommen. Das MG 42 besaß eine sehr hohe Feuerfolge. Dies hatte eine zu große Schußgasentwicklung zur Folge. Es mußte außerhalb der Bunker in Stellung gebracht werden. Zudem wurde jeglicher Nachschub durch die absolute Luftherrschaft des Feindes erschwert. Auch 1944/45 wurden noch Neubauten (oft in Frontnähe) errichtet, die Masse aber waren Ringstände oder auch sog. Kochbunker. Besonders im heutigen NRW wurden zahlreiche Tobrukstände gebaut. Erst am 11. September 1944 erfolgte per Führerbefehl die Übergabe des Westwalls vom Befehlshaber des Ersatzheeres (BdE) an die Wehrmacht. Es war zufällig der Tag, an dem ein amerikanischer Stoßtrupp die Our bei Stolzenburg (Luxemburg) überquerte und erstmals deutschen Boden betrat. Dennoch konnte sich die Wehrmacht an einigen Stellen monatelang fest-

Chaos, Evakuierung und Schanzarbeiter in Herzogenrath-Merkstein

Ein Augenzeuge erinnert sich an die Evakuierung in seiner Heimat im September 1944:

[...]

Der Bürgermeister hatte bis zu seinem Abgang am 13.9.1944 mit der Unterbringung der Schanzleute, die in großer Zahl nach Merkstein gekommen waren, zu tun. Merkstein glich so nach und nach einem Heerlager. HJ, Partei und Arbeitsdienst, Kinder und Großväter wurden mit Schaufeln und Hacken bewaffnet, um eine neue Verteidigungslinie anzulegen. Die Organisation ließ sehr zu wünschen übrig. Verpflegung und Unterkunft waren nicht immer, wie sie sein sollten, und so machten sich die meisten Leute wieder selbständig und marschierten in Richtung Heimat. Mittlerweile ließen sich immer mehr die Tiefflieger sehen, ein Zeichen der herannahenden Front. Die umlaufenden Gerüchte wurden immer toller. Die Züge fuhren nicht mehr nach Plan. In Herzogenrath auf dem Bahnhof herrschte ein wüstes Durcheinander. Das Einsteigen geschah grundsätzlich nur durch die Fenster.

Sonntag, den 10.9.1944, bekamen Rimburg, Finkenrath und Worm und alle Häuser, die vor der ersten Bunkerlinie lagen, den Räumungsbefehl. Die Räumung sollte durch die Partei erfolgen, aber die Wehrmacht sollte vorher den Befehl dazu geben, falls sie einen solchen für notwendig hielt. Die Wehrmacht weigerte sich aber, den Befehl zu geben, deswegen versuchten andere Leute, die Bevölkerung zum Verlassen der Heimat zu bewegen. In Finkenrath, Worm usw. blieben fast nur noch die Männer. Wegen der Tiefflieger rückten die Schanzarbeiter am 13.9.1944 ab, nachdem schon vorher einzelne oder kleine Trupps das Weite gesucht hatten. Am 12.9.1944 schloß die Post ihren Laden. Die Bevölkerung war also von der Außenwelt abgeschnitten. Am 13.9.1944 war die Ortsobrigkeit abgereist. Auch die aus Berlin zum Schanzen abkommandierten Politischen Leiter waren verschwunden.

[...]

Die deutschen Bunker waren mittlerweile verlassen, Uniformen, Gewehre, Munition, Brot usw. lagen umher. Versprengte Soldaten kamen uns entgegen ohne Waffe und Helm, zerrissen und verdreckt, Parole: Heimat. [...][56]

setzen. Der Westwall diente Mitte Dezember sogar als Ausgangsstellung für die Ardennenoffensive zwischen Monschau und Echternach. Der erste Einbruch in den Wall gelang den Amerikanern im September 1944 in die sog. „Vorstellung Aachen". Im heutigen Saarland konnten die Amerikaner nach schweren Kämpfen im Februar 1945 den „Orscholz Riegel" durchbrechen. Erst nach der ab 13. März 1945 einsetzenden Offensive der Amerikaner räumten die Deutschen den Westwall in der Saarstellung, da sie nun von rückwärts bedroht wurden.[57]

Amerikanische Soldaten nach Beendigung der Kampfhandlungen

Der Gefechtsstand der 8. US-Infanteriedivision in einem Westwallbunker im Gieschbachtal/ Zweifall. Das Schild "CG" am Bunker links (Commanding General, Kommandierender General) signalisiert, daß hier der Divisionskommandeur arbeitet.

Die „Drachenzähne" des Westwalls - Kampfwagenhindernisse

Fragt man in heutiger Zeit nach dem Westwall, so wird dieser meistens reduziert auf die noch an vielen Stellen vorhandene und sichtbare Höckerlinie. Die im Volksmund als „Drachenzähne" bezeichnete Höckerlinie war eines von mehreren möglichen Kampfwagenhindernissen dieser Befestigungslinie.

Der Zweck von Kampfwagenhindernissen war es, Panzer nicht in eine günstige Schußposition auf Bunkerstellungen kommen zu lassen. Durch die Kampfwagenhindernisse des Westwalls sollten Panzer mit einem Gewicht von bis zu 36 Tonnen aufgehalten werden, sofern diese nicht mit Hilfsmitteln operierten. Die Schwachstellen der Hindernisse bildeten die Durchgänge für Straßen und Feldwege. Diese sollten im Ernstfall zwar mittels diverser Schranken- und Trägersperren geschlossen werden, waren aber nur gegen Straßenfahrzeuge und leichte Panzer sicher. Natürliche Hindernisse für Panzer mit einem Gewicht bis 20 Tonnen boten dichte Wälder, deren Stammdurchmesser über 25 cm betrug und in denen ein Kampfwagen gegen mindestens zwei Bäume anfahren mußte. Die Schwachstellen der Waldgebiete waren Forstwege und Waldschneisen. Diese mußten zusätzlich gesichert werden. Als sicher gegen Panzer galten nasse Kampfwagenabwehrgräben mit einer Sohlbreite von 20 m und einer Tiefe von 3,5 m, die mit Wasser gefüllt waren. Reste solcher Panzergräben sind heute noch in Himmerich bei Heinsberg und am Schloß Trips bei Geilenkirchen aufzufinden.

Die Verteidigungswirkung der Hindernisse konnte nur sichergestellt werden, wenn diese dauernd durch entsprechende Waffen überwacht wurden. Da eine lückenlose Überwachung nicht an allen Stellen des Westwalls gewährleistet werden konnte, hoffte man, daß der Gegner die Verteidigungslinie nur an wenigen Stellen durchbrach und dadurch eine Konzentration der Waffen wieder möglich wurde. Kampfwagenhindernisse im Westwall waren hauptsächlich: die Betonhöckerhindernisse, Pfahl- und Doppel-U-Eisenhindernisse, Panzermauern und Kampfwagenabwehrgräben.[58] Einige dieser Anlagen seien hier nun kurz beschrieben:

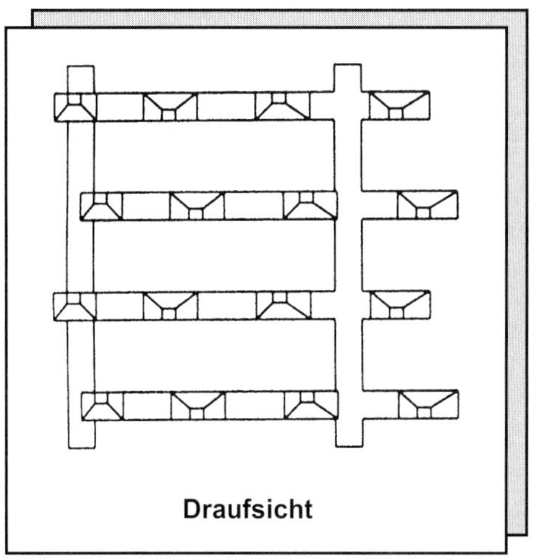

Die Betonhöckerhindernisse

Die Betonhöckerlinie sollte ein durchlaufendes Hindernis gegen Infantrie und Kampfwagen darstellen. Der Verlauf derselben war größtenteils linear, um Bedrohungen von den Flanken zu verhindern.

Betonhöckerhindernis Typ 1938

Dieser vierreihige Typ der Betonhöckerlinie besteht aus zwei parallel zueinander verlaufenden Betonfundamenten, auf denen wiederum mit vier Betonhöckern bestückte Querfundamente senkrecht zur Feindrichtung angebracht sind. 20 Tonnen schwere Panzer sollten durch dieses Hindernis aufgehalten werden. Die Höckergröße steigt zur Freundseite von 0,4 m auf 1,1 m an. Die Breite des Hindernisses beträgt 7 m. Bis zum 01.03.1940 wurden insgesamt 91 km dieses Typs am Westwall gebaut.[59] Reste dieser Höckerlinie lassen sich heute u.a. noch in der Umgebung von Aachen (z.B. Pannesheide, Orsbach, Eilendorf), Udenbreth, am Losheimer Graben und in Lützkampen finden.

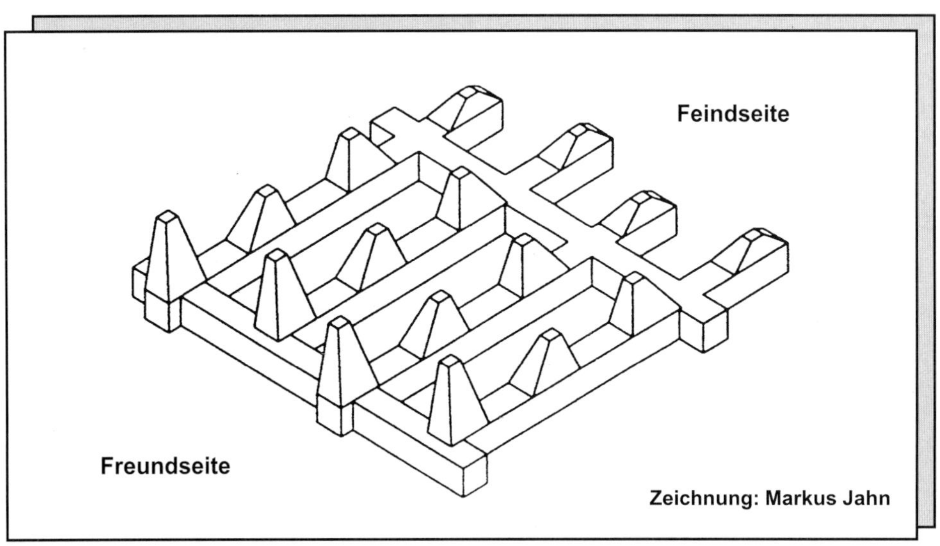

Betonhöckerhindernis Typ 1939

Wesentlich massiver ist dieser fünfreihige Typ der Höckerlinie, der Panzer bis zu einem Gewicht von 36 Tonnen aufhalten sollte. Im Unterschied zum Typ 38 besteht dieses Hindernis aus nun drei parallel zueinander verlaufenden Betonfundamenten, bestückt mit rechtwinklig verlaufenden Querfundamenten, auf denen fünf Höcker angebracht sind. Die Höckergröße steigt hier zur Freundseite von 0,8 m auf 1,5 m an. Die Breite dieses Hindernisses beträgt 13,5 m. Es waren an diesem Typ der Höckerlinie auch Stacheldrahthalterungen vorhanden. Bis Mai 1940 wurden insgesamt 76 km dieses Typs gebaut.[60] Reste dieser Höckerlinie sind heute noch vor der Stadt Aachen (Kohlscheid-Pannesheide, Horbach, Vetschau, Orsbach), weiterhin in Schmithof, Lammersdorf, Bickerath, Simmerath, Imgenbroich, Monschau, Udenbreth, Neuhof, Losheim, Ormont und Orscholz/Saar zu finden. Auch in der Nähe der Dreilägerbachtalsperre bei Roetgen sind Reste dieses Typs der Höckerlinie vorhanden.

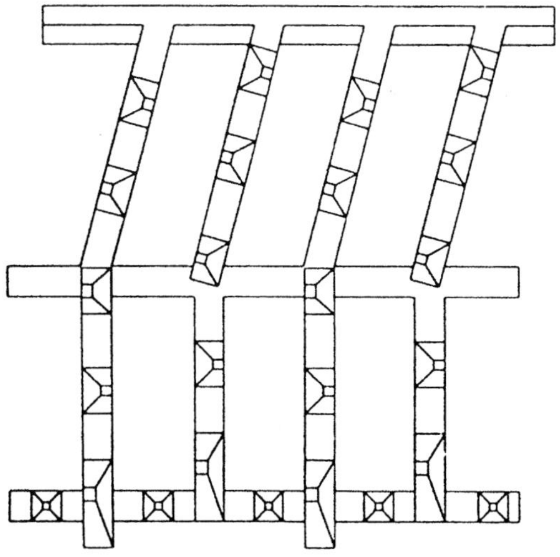
Draufsicht

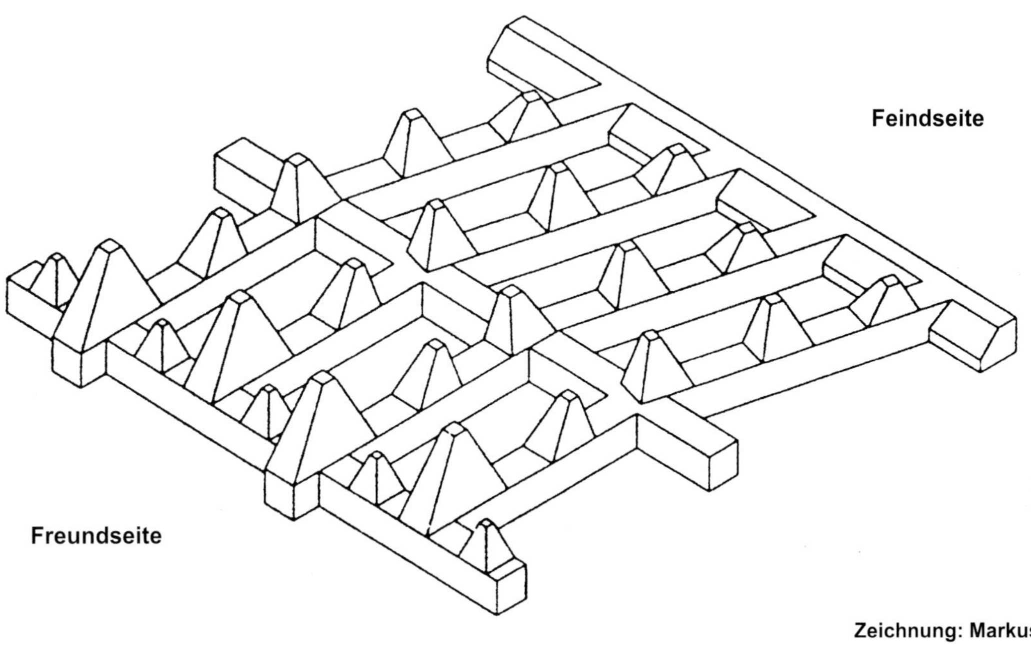

Zeichnung: Markus Jahn

Hemmkurvenhindernisse
Sie dienten zur Verstärkung von durchlaufenden Beton- oder Pfahlhindernissen. Dieses Hindernis bestand aus Eisen und sollte Kampfwagen bis 36 Tonnen aufhalten.[61]

"Der anlaufende Kampfwagen fährt in der Kurve fest und fällt der Pak zum Opfer." (Pak=Panzerabwehrkanone)

An den Straßen, die im Frieden für den Verkehr offen bleiben mußten, waren Sperren vorbereitet. Sie wurden erst im Ernstfall durch schwere Träger geschlossen.

Die Luftverteidigungszone West

Bei der Luftverteidigungszone West (LVZ-West) handelte es sich um einen Flak-Riegel (Flak: Flugabwehrkanone) im Hinterland des Westwalls. Die Entfernung zwischen Flakriegel und Hauptkampfzone betrug rund 40 km. Im Jahre 1938 beschäftigte man sich erstmals mit der Schaffung und Planung einer solchen Zone. Sie sollte den Namen Luftschutzzone West erhalten. Diese sollte nach den ersten Vorstellungen aus 60 leichten und schweren Flakbatterien bestehen und in einer Linie von Jülich über Düren, Euskirchen, Wittlich, Traben-Trarbach, Oberstein, Kaiserslautern und Neustadt nach Speyer verlaufen.
Einzelne Batterien sollten zwischen Westwall und Flakzone vorgeschoben werden. Vorgesehen war des weiteren ein Ausbau von Flakstellungen bei Karlsruhe und der Gegend östlich von Straßburg. Der Schwerpunkt der LVZ-West sollte zunächst im Bereich Mosel-Rhein liegen.

Die LVZ-West bestand wie der Westwall aus tief gestaffelten Bunkerstellungen

Mit dem Bau einer Luftverteidigungszone verfolgte man gleichzeitig zwei Ziele: Die Stellungen der Flakzone sollten nicht nur zur Luftverteidigung, sondern auch zum Bodenkampf, besonders zur Panzerabwehr, eingesetzt werden können. Somit sollte sie auch als mögliche rückwärtige Stellung des Heeres dienen. Es wurden auch MG-Schartenstände für die Erdabwehr gebaut.

Mit den Bauarbeiten wurde zunächst in dem erwähnten Schwerpunktbereich zwischen Mosel und Rhein begonnen. Am 12.11.1938 wurde per Verfügung die Erweiterung der nun Luftverteidigungszone West genannten Flakzone beschlossen. Als Termin für den Baubeginn der erweiterten Zone wurde in der Verfügung der 01.03.1939 festgehalten.
Ehe jedoch mit dem Bau der Stellungen begonnen werden konnte, waren umfangreiche Arbeiten und Vorbereitungen in Angriff zu nehmen. Dazu gehörten z.B. örtliche Erkundigungen, Vorschläge über den Verlauf, die Abschnittsgrenzen und die Lage der Gefechtsstände etc. Auch mußten Vorbereitungen für die Unterbringung der Arbeiter getroffen werden.

Flugabwehr von Viersen bis Basel

Aufgabe der LVZ-West sollte sein, den Luftraum über der Westgrenze zu sichern und eine lückenlose und mehrfach überlagernde Flugabwehr vom Ruhrgebiet bis zur Schweizer Grenze zu schaffen.[62]
Das sogenannte „Aachener Loch" galt im Norden als mögliche Einflugschneise eines Gegners. Aus diesem Grunde war dort eine „Sperrballonzone" mit einer Länge von rund 10 km durch den Einsatz von drei Sperrballon-Batterien vorgesehen.[63]
Es gab zwei mögliche Ausbauarten einer Batteriestellung: einen Vollausbau und einen beschränkten Ausbau. Bei einem Vollausbau für eine schwere Flakbatterie wurden alle dazugehörenden Bauten in Beton ausgebaut. Dazu gehörten vier Geschützstände, sechs Mannschaftsbunker, drei Munitionsbunker sowie zwei Stände für die Feuerleitanlagen. Bei einem beschränkten Ausbau wurden dagegen nur Teile der Stellung aus Beton gefertigt.

Realität der LVZ-West

Die Luftverteidigungszone konnte zu keinem Zeitpunkt vollständig verwirklicht werden, obwohl sie in der Propaganda stets hochgelobt wurde. Es war damals nicht möglich, eine Zone von über 600 km Länge durchgehend mit Flak-Geschützen auszustatten.[64] Bis zum 1. März 1940 wurden im Ausbaubereich der LVZ von Düren bis Basel 1.544 Anlagen gebaut. Die Desarmierung der Westwallanlagen nach dem erfolgreichen Frankreichfeldzug schloß auch die LVZ ein.[65]
Hitler besichtigte und inspizierte in einer mehrtägigen Reise im Mai 1939 die Arbeiten am Westwall. Dabei demonstrierte u.a. die Luftverteidigungszone ihre Einsatzbereitschaft. Hierüber wurde auf den Titelseiten der Tageszeitungen Bericht erstattet.

"An dünnen, festen Stahlseilen in großer Höhe aufgelassene Sperrballone sperren als "Minenfelder der Luft" den Raum über dem Befestigungsgebiet."

Aachener Anzeiger · Politisches Tageblatt

Im „Aachener Anzeiger - Politisches Tageblatt" war am 19. Mai 1939 über die Besichtigung der gerade im Bau befindlichen Luftverteidigungszone zu lesen:

[...]

Die Sicherheit des Reiches ist unzerstörbar.

Der Vormittag stand ganz im Zeichen der Luftwaffe.

Hatten die drei ersten Fahrttage der Überprüfung der Grenzbefestigungen und der ersten Widerstandslinien in erster Linie gedient, so begann der Führer am Mittwoch den Tag mit einer eingehenden Besichtigung der Luftverteidigungszonen, die sich hinter den Linien der Forts und Panzerwerke in großer Tiefe erstrecken. [...]

Rasch ging die Fahrt einwärts in die blütenprangende Hügellandschaft der Saarpfalz hinein. Schon nach kurzer Zeit trafen wir auf die ersten Flakstände, schwer betonierte Stellungen, die sich dicht geschlossen in voller Frontbreite dahinziehen - Geschützstellungen wechseln mit großartig gegen jede Fliegersicht getarnten Mannschaftsunterkünften, Befehls- und Beobachtungsständen, Gefechtswerken, Sperren und Tankabwehrstellungen.

Ein großartiges Bild entstand mit einem Schlage, als auf Kommando auf allen Bauwerken der Luftverteidigungszone in diesem Raum ein Magnesiumfeuer aufflammt.

Die Landschaft, die von einem beherrschenden Hügel aus weithin übersehbar ist, verwandelt sich in Sekundenschnelle in ein ungeheures Panorama großartigster Art. Es ist als leuchteten Hunderte und Aberhunderte roter Lampen mit einem Schlage auf. So weit das Auge reicht, bis auf die verrußten Hügel und Bergketten, reiht sich ein Magnesiumlicht an das andere.

Der Eindruck ist schier überwältigend. Hier ist eine Luftverteidigungszone geschaffen worden, die in doppelter Tiefe des eigentlichen Westwalles nicht nur das Reich vor jedem Luftangriff aus dem Westen beschützt, sondern zugleich noch einmal einen zweiten Westwall für den Erdkampf darstellt. [...]

Westdeutscher Beobachter

Auch der „Westdeutsche Beobachter" äußerte sich am gleichen Tag über die angeblich bestehende LVZ:

[...]

Warnübungen der Festungsflak

Aber die Luftabwehr beschränkt sich ja nicht nur auf den Einsatz der Flaks. Jagdverbände stürzen sich auf den bombentragenden Gegner und zwingen ihn zur Umkehr oder in die tödliche Geschossgarbe der Flaks hinein. Ballonsperren hindern seinen Flug und bereiten ihm das Los eines unrühmlichen Absturzes. So schützen die Werke der Luftverteidigungszone das deutsche Land. Aber auch gegen jeden überraschenden Erdangriff sind sie bestens gewappnet. Dies demonstriert eine zweite Alarmübung, der die Annahme zugrunde liegt, daß plötzlich feindliche Panzer vor der Luftabwehrzone erscheinen würden, nachdem sie das praktisch ja unmögliche Kunststück doch vollbracht haben sollten, durch den ganzen Westwall durchzustoßen.

Nur kurze Zeit dauerte es, bis auch diese Alarmübung mit dem Resultat endet, daß der feindliche Angriff vor den Panzerstellungen der Luftzone elend liegen bleibt. Dabei fand diese Übung in der sog. „leichten Zone" statt. Ihr zugeordnet ist noch eine „schwere Zone" in großer Tiefenausdehnung. An Zahl übertreffen die Panzerwerke dieser beiden Zonen die Werke der eigentlichen Frontlinie des Westwalles um mehr als das Doppelte. [...]

"Flakbatterien aller Kaliber waren tiefgestaffelt so eingebaut, daß sie den gesamten Luftraum über dem Grenzraum beherrschten."

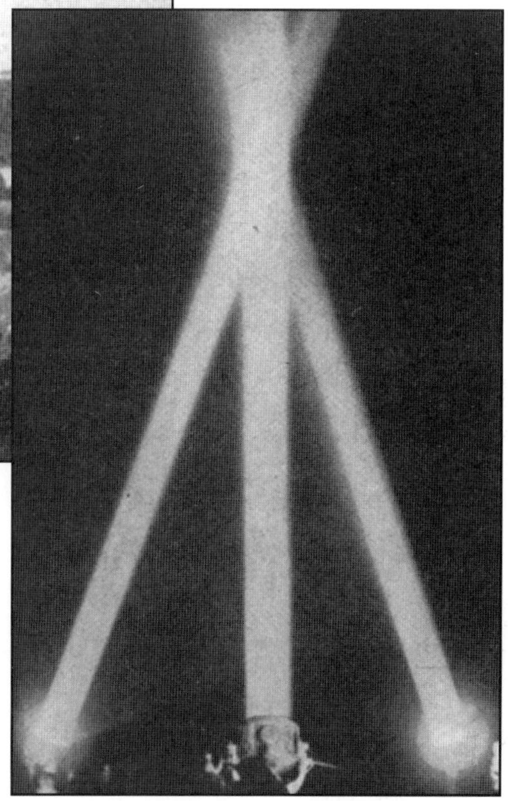

Bild rechts:
"Im Zusammenwirken mit den Horchgeräten sind in großer Zahl Scheinwerferbatterien eingesetzt. Mit ihren Millionen Kerzen starken Lichtkegeln blenden sie das feindliche Flugzeug, das dann eine leichte Beute wird."

Die Westwallpropaganda

Der Westwall wurde durch die Nationalsozialisten propagandistisch ausgeschlachtet. Nicht Informationen wurden weitergegeben, sondern Schlagworte prägten die Sprache. Die Hauptaussage der Westwallpropaganda, in allen Reden der Machthaber und in allen Zeitungen zu finden, lautete, daß der Westwall „das gigantischste Gemeinschaftswerk aller Zeiten sei". Dem Ausland gegenüber erwähnte die NS-Propaganda immer wieder, daß der Westwall lediglich eine Sicherung der deutsch-französischen Grenze sei.[66]

„Psychologische Aufrüstung"

Gegen Ende des Jahres 1938 begründete Hitler seinen Propagandafeldzug für den Westwall, der nun folgen sollte, folgendermaßen: Er behauptete, daß die erfolgreiche Propaganda der Franzosen und Engländer im Ersten Weltkrieg mitschuldig an der deutschen Niederlage gewesen sei. Nach Hitlers Meinung sei das Deutsche Reich durch die Westwallbunker zwar militärisch geschützt, doch gebe es eine „neue Waffengattung des Feindes", seine Propaganda. Dieser müsse man mit eigener Propaganda für den Westwall entgegentreten. Diese Propaganda, so Hitler weiterhin, müsse „volkstümlich und gefühlsbetont" sein. Gleichzeitig war es die Absicht der Nationalsozialisten, parallel zu der militärischen Aufrüstung eine „psychologische Aufrüstung" des Volkes zu veranlassen. Davon wurde eine Steigerung der Kampfbereitschaft und der Kampfmoral erwartet.

Westwall contra Maginotlinie

Im Zuge der erwähnten „psychologischen Aufrüstung" wurde vor allem die Auseinandersetzung mit Frankreich gesucht und infolge dessen auch der Westwall mit der Magi-

Postkarten mit Motiven des Westwalls waren bei den Soldaten sehr beliebt. Motiv dieser Karte: Im 6-Schartenturm eines Werkes am Oberrhein. Zeichnung: Prof. A. Janesch

notlinie verglichen. Die Nationalsozialisten warfen Frankreich vor, daß es mit seinem aggressiven Verhalten in der Vergangenheit nur Mißtrauen und Feindschaft geschürt habe und deswegen eine unüberwindbare Barriere, die die Westgrenze schützt, notwendig sei. So beschrieb die deutsche Propaganda die Maginotlinie als eine reine Sturm-Ausgangs-Stellung, während der Westwall als eine militärisch sinnvolle Verteidigungslinie dargestellt wurde. In der Realität war es schließlich die Wehrmacht, die im Mai 1940 den Westwall als Ausgangsstellung für ihren Angriff auf Frankreich nutzte.

Die deutsche Bevölkerung sollte von der angeblichen Unüberwindbarkeit des Westwalls durch die Modernität der Befestigung überzeugt werden. Die Maginotlinie wurde im Vergleich zum Westwall, obwohl einige Ähnlichkeiten zugestanden wurden, als unterlegen und veraltet dargestellt. Doch blieb es nicht nur bei einem Vergleich der beiden Befestigungssysteme, auch die beiden Länder sowie ihre Staatsformen wurden auf dieselbe Art und Weise und auch mit dem gleichen Ergebnis miteinander verglichen. Die Unterschiede der beiden Länder wurden auf die „Wesensart" der verschiedenen Systeme bezogen, und der Westwall wurde von den Nationalsozialisten als „Schutzwall gegen die Auswirkungen der Französischen Revolution" bezeichnet. Weiterhin wurde die deutsche Verteidigungslinie innerhalb der Propaganda „naturalisiert", d.h. zu einem „lebenden Organismus" inmitten der Gesellschaft stilisiert. Dabei wurde vor allem die Anpassung des Westwalls in die Landschaft und die Natur proklamiert, die aber nur in militärischer Hinsicht vorhanden war. Durch den Bau des Westwalls wurde die Landschaft gewaltsam verändert und erst heute, Jahrzehnte nach Kriegsende, gewinnt die Natur aus eigener Kraft allmählich die verlorengegangenen Gebiete zurück.

Die Welle der Westwallpropaganda rollte ab dem Jahre 1938 auf die deutsche Bevölkerung zu. Sie wurde in Form von Plakaten, Broschüren und anderen Medien verbreitet. Die gleichgeschalteten Zeitungen berichteten in großem Umfang über den Westwall.

Besichtigungsreisen zum „größten Betonriegel der Welt"

Weiterhin wurden Besichtigungsreisen für Journalisten entlang der Westbefestigungen durchgeführt. Auch Adolf Hitler besichtigte und inspizierte im Beisein von Partei- und Wehrmachtsangehörigen sowie Journalisten mehrmals den Westwall. Insbesondere über die letzte große Besichtigungsreise im Mai 1939 berichtete die gleichgeschaltete deutsche und die internationale Presse umfangreich.

Drei Wochen vor Kriegsbeginn, am 10. August 1939, wurde erstmals ein von Adolf Hitler in Auftrag gegebener Westwallfilm in zunächst 850 Filmtheatern vorgeführt. Im Laufe der folgenden acht Wochen stand er auch auf dem Programm der übrigen Kinos im Deutschen Reich anstelle der Wochenschau und des üblichen Kulturfilms.[67] Der Westwallfilm wurde übrigens nicht nur in Deutschland ge-

Theo Kutsch erinnert sich an die plötzliche und unerwartete Ankunft Adolf Hitlers mit einem Sonderzug an einem Sonntagmorgen im Frühjahr 1939 im Herzogenrather Bahnhof:
Ich selbst ging an dem Morgen um 10.00 Uhr in die hl. Messe - in HJ-Uniform -, weil wir um 11.00 Uhr auf dem Adolf-Hitler-Platz (heute Post) „Appell" hatten. Dazu kam es aber nicht, weil gegen 11.00 Uhr die Straßen voller Menschen und Uniformträger aller Wehrmachtsgattungen und Parteiorganisationen war. Ein Herauskommen gab es nicht. Ich kletterte auf ein Baugerüst und erlebte, wie in großen, offenen Militärfahrzeugen die hohe Generalität, wie z.B. Generalfeldmarschall Keitel, zum Bahnhof fuhren. Aus der Überlieferung weiß ich, daß der dortige Bahnhofsvorsteher „unseren Führer" im Herzogenrather Bahnhof wie folgt begrüßte: „Heil Hitler, mein Führer, ich melde Ihnen...." Es muß eine allgemeine Verlegenheit bei den vielen angereisten „Hohen Tieren" gewesen sein; denn die Begrüßungsanrede mußte richtig geheißen haben: „Heil mein Führer..." Hitler soll aber, den Augen-Ohrenzeugen gemäß, großzügig über den Fauxpas hinweggegangen sein und dem Bahnhofsvorsteher die Hand gegeben und auf die Schulter geklopft haben.

zeigt, sondern auch der Bevölkerung in Frankreich und England zugänglich gemacht. Damit wurde das Ziel verfolgt, die potentiellen Feindstaaten auf das Risiko eines Angriffes auf Deutschland aufmerksam zu machen.
Der Sinn und Zweck der Westwallpropaganda hierzulande war es wohl, die Angst der Bevölkerung vor einer Auseinandersetzung mit potentiellen Feindstaaten, wie z.B. Frankreich, zu bekämpfen, indem die Unüberwindbarkeit der Barriere durch die Nationalsozialisten propagiert wurde. Es wurde behauptet, daß das deutsche Territorium nicht als Kriegsschauplatz in Frage komme. Damit wurde eine klare Trennlinie zwischen Front und Heimat, zwischen Soldaten und Zivilbevölkerung gezogen. Die Gefahr eines Zweifrontenkrieges sei - so die NS-Propaganda - ausgeschlossen, womit der größte Fehler des Ersten Weltkrieges nicht noch einmal begangen werden sollte.

Adolf Hitler am Bahnhof in Herzogenrath

Der „Westwall-Bluff"

Im Zeitraum von Ende 1939 bis Anfang 1940, also kurz vor dem Angriff auf Frankreich, herrschte relative Ruhe an der Westgrenze. Die Wehrmacht kämpfte im September und Oktober 1939 zu großen Teilen in Polen. An der Westgrenze herrschte zu dieser Zeit ein Stellungskrieg oder - wie er mancherorts bezeichnet wurde - „Nervenkrieg". Beide Armeen, die deutsche und die französische, verharrten in der Defensive. Diese Situation hatte auch Auswirkungen auf die Westwallpropaganda: Das Propagandaministerium verordnete, daß, solange die Wehrmacht in Polen kämpfe, keinerlei Provokationen gegenüber den Westmächten in den Medien vorhanden sein dürften, die Situation an der Westgrenze sollte beruhigt werden.[68] Spezialeinheiten versuchten mit Lautsprechern, Flugblättern und Transparenten das französische Militär hinzuhalten und die Kampfesmoral der Soldaten zu schwächen. „Deutschland hat keinen Grund, gegen Frankreich Krieg zu führen. Wir greifen nicht an, solange ihr es auch nicht tut", lautete - auf einen Nenner gebracht - die Hauptaussage dieser Propaganda.[69] Der Grund für dieses Verhalten liegt auf der Hand: Die große zahlenmäßige Unterlegenheit der deutschen Divisionen an der Westfront zwang die Verantwortlichen zu solchen Maßnahmen.

Über den militärischen Wert des Westwalls gehen heute die Meinungen auseinander. Damals hielten aber nicht wenige den Westwall für die modernste Befestigungsanlage

„Der Führer in Herzogenrath“

Hitler begann am 14. Mai 1939 eine mehrtägige Inspektionssreise in Herzogenrath. Der damalige Bürgermeister Schnittker hatte das für „Herzogenrath größte Ereignis seiner Geschichte" im Sprachstil der Zeit wie folgt kommentiert:

Es hatte sich bald herumgesprochen, daß der Führer kurz nach 9 Uhr von Aachen her im Sonderzug hier eintreffen würde. Dementsprechend waren auch im Augenblick die Häuser an den Durchfahrtsstraßen mit Hakenkreuzflaggen geschmückt; unsere kleinsten Stadtbürger waren mit liebevoll hergerichteten Blumensträußchen ausgestattet worden [...].

Adolf Hitler am 14. Mai zu Beginn seiner mehrtägigen Inspektionsreise

Hitlerjugend, BDM und Jungvolk traten in geschlossenen Formationen an. In wenigen Minuten hatten sich unsere Jungen und Mädel eingefunden, um in selbstgewählter Ordnung aufzumarschieren und den Mann zu sehen, der unsere Geschichte in seinen Händen hält. Mit sachverständiger Aufmerksamkeit beobachteten die Jungen dauernd die Signaleinrichtungen am Bahnhof, um aus deren Stellung das Geschehen der nächsten Minuten prophezeien und deuten zu können. Als das Stellwerk die Einfahrt endlich freigab, kannte die Freude keine Grenzen mehr. Brausende Begeisterungsstürme begleiteten den langsam in unseren Bahnhof rollenden Führerzug.

Was gab es bei der Einfahrt zunächst nicht alles zu staunen und zu bewundern - die lange Kette äußerlich einfacher, jedoch durch strenge Gleichheit recht eindrucksvoll wirkender Sonderzugwagen. Mit den großen, weithin glitzernden Hoheitszeichen, die wundervoll eingerichteten Wohn-, Büro- und Konferenzräume des Zuges, die eilenden Fernsprechmänner, die den Zug sofort an das Ortsfernsprechnetz anschlossen, das Gewimmel der kommenden und gehenden Offiziere.

Pünktlich zur angegebenen Minute hielt der Zug. Der Führer verließ den Wagen und empfing die Meldung der auf dem Bahnhof angetretenen Vertreter der Wehrmacht. Er begrüßte weiter den Vorsteher unseres Bahnhofs durch Handschlag, um sich dann durch den geschmückten Bahnhofsausgang zu der dort wartenden Kolonne dreiachsiger Mercedeswagen zu begeben.

Der Jubel der Bevölkerung kannte nun keine Schranken mehr. Alle gaben ihre Freude darüber Ausdruck, daß der Führer bis an die äußerste Westgrenze gekommen war, um sich hier persönlich über die Sicherheit der Grenzbevölkerung und der zu ihrem Schutz getroffenen Maßnahmen zu unterrichten.

Nachdem der Führer - inzwischen mit hellem Mantel bekleidet - seinen im Schatten blühender Kastanienbäume aufgestellten Wagen bestiegen hatte, dankte er - aufrecht stehend - mit verbindlichem Lächeln nach allen Seiten für die nicht endenwollenden Heilrufe. Als dann gab er seinem eigens mitgebrachten Fahrer das Zeichen zum Anfahren. Langsam und dann bald schneller werdend, rollte die lange Wagenkolonne durch die Straßen unseres Städtchens; allzu schnell und zu früh war sie unseren Augen in südlicher Richtung entschwunden.
[...]
Für Herzogenrath das größte Ereignis seiner Geschichte, uns allen das größte unserer Erlebnisse, für den Führer ein winziger Teil seiner Arbeit - in der Weltpresse findet der Führerbesuch in Herzogenrath mit folgenden nüchternen Worten Erwähnung:
'Der Führer und oberste Befehlshaber traf am 14. Mai 1939 früh in der Nähe von Aachen ein, um die Befestigungsarbeiten eingehend zu besichtigen".[70]

der Zeit und glaubten an ihre Unüberwindbarkeit. Fest steht jedoch, daß der Westwall das militärische Eingreifen der Westmächte während der Sudetenkrise im Herbst 1938 und auch während des deutschen Überfalls auf Polen Ende 1939 verhinderte. Dazu trug wohl in nicht geringem Maße die Art seiner Darstellung nach außen hin bei. Die geschickt inszenierte Westwallpropaganda schuf geradezu einen Mythos der Unüberwindbarkeit, der über die militärischen Unzulänglichkeiten der Anlagen hinwegtäuschte und später bei den Alliierten zu Fehleinschätzungen führte.

Die Mathematik und der Westwall

Das nationalsozialistische Regime ließ fast keinen Bereich aus, um seine Westwallpropaganda zu verbreiten. Ein Auszug aus einem damaligen Mathematikbuch bietet ein Beispiel dafür, daß auch Schullernmittel dazu dienten, der jüngsten Generation den Westwallbau spielerisch-rechnerisch näherzubringen[71]:

Organisation Todt baut den Westwall

Der Führer gab am 28. 5. 1938 den Befehl zum Bau des Westwalls.

16. Es waren beschäftigt
am 20. 6. 1938 9 000 Mann; am 20. 7. 1938 35 000 Mann; am 24. 8. 1938 145 000 Mann; am 21. 9. 1938 241 000 Mann.
Zeichne eine Kurve!
Die Zahl der am Westwall Beschäftigten erhöhte sich weiter auf 342 000 Mann im Bereich der Organisation Todt und 90 000 Mann im Bereich der Pionierstäbe. Dazu kamen noch 300 Abteilungen des Reichsarbeitsdienstes.

17. Von der Deutschen Reichsbahn wurde sofort nach Beginn des Ausbaues der Antransport der benötigten Baustoffe aufgenommen. Die anfängliche Höchstleistung von 6 000 Waggons mit Baustoffen erhöhte sich nach kurzer Zeit auf 8 000. Die Zahl der für den Baustofftransport aus dem ganzen Reich zusammengezogenen Lastkraftwagen betrug rund 15 000. Berechne das Verhältnis von Eisenbahnwaggons und Lastkraftwagen!

18. 5 000 Kraftomnibusse beförderten täglich 186 000 Arbeiter aus 200 Lagern zur Arbeitsstätte. Wieviel Arbeiter beförderte im Durchschnitt jeder Omnibus?

"Meldungen aus dem Reich" - Auszüge aus den geheimen Lageberichten des Sicherheitsdienstes der SS

Der Sicherheitsdienst der SS, offizielle Abkürzung SD, wurde im Jahre 1931 gegründet. Der ehemalige Oberstleutnant zur See, Reinhard Heydrich, wurde vom Reichsführer SS Heinrich Himmler mit dem Aufbau des SD beauftragt. Schon 1930 hatte die NSDAP damit begonnen, einen eigenen Nachrichtendienst aufzubauen, um Informationen für die Auseinandersetzung mit ihren politischen Gegnern zu gewinnen. Er basierte auf einem umfangreichen Spitzel- und Agentensystem. Eine Vielzahl von Vertrauensleuten (V-Männer) und ehrenamtlichen Mitarbeitern gaben ihre gewonnenen Informationen an den SD weiter.
Die Parteiführung und die SS erhielten in regelmäßigen Abständen aus den zahllos eingegangenen Einzelmeldungen zusammengefaßte Berichte über die Stimmungslage der Bevölkerung sowie über tatsächliche oder angebliche Regimegegner und oppositionelle Gruppen (z.B. die Kirche). Der SD nahm darüber hinaus polizeiliche Aufgaben wahr, was 1938 zum Zusammenschluß mit der Sicherheitspolizei im Reichssicherheitshauptamt führte. Während des Krieges war der SD maßgeblich an Gewaltakten in den besetzten Gebieten beteiligt. Mitte 1944 übernahm er eine weitere Funktion, die „Abwehr" als Militärisches Amt. Heydrich war bis zu seinem Tod im Jahre 1942 (Attentat) Chef des Sicherheitsdienstes.

In den Monaten Oktober und November 1939, also kurz nach Kriegsbeginn, finden sich unter den „Berichten zur innenpolitischen Lage" vermehrt Meldungen über die Stimmungslage der Bevölkerung in den westlichen Grenzregionen entlang des Westwalls:[72]

Bericht zur innenpolitischen Lage (Nr. 2), 11. Oktober 1939
IV. Verwaltung und Recht
[...] Räumung der Westgrenze
Nachdem sich in den Bergungsgauen herausgestellt hatte, daß die Flüchtlinge aus dem Westen nicht genügend Sachen (Winterkleidung, Arbeitskleidung und andere Gerätschaften) mitgebracht hatten, setzte aus fast allen Bergungsgauen eine Rückwanderung in die geräumten Gebiete des Westens ein. Zum Teil wurde die Rückwanderung von Parteidienststellen und Behörden durch Einsatz von Eisenbahn- und Kraftwagentransporten organisiert, zum Teil sind die Flüchtlinge auch unorganisiert in die verlassenen Gebiete zurückgekehrt. Die Rückkehr der Flüchtlinge in ihre Heimatorte brachte verschiedene Mißstände mit sich. Teilweise besuchten Flüchtlinge auch fremde Wohnungen. Dadurch kam es zu Diebstählen und Sachbeschädigungen in Wohnungen, deren Inhaber nicht anwesend waren. Viele Flüchtlinge weigerten sich, in die Bergungsgaue zurückzukehren. Außerdem wurden die Maßnahmen der Wehrmacht durch die in den Orten herumlaufende Zivilbevölkerung erheblich gestört. Durch diese Umstände sahen sich die Militärbehörden ge-

zwungen, in verschiedenen Gebieten das Betreten der Gebiete allgemein zu verbieten. Die aus den Bergungsgebieten ankommenden Flüchtlinge waren über diese Anordnung stark empört; in Dudweiler vor dem Rathaus kam es sogar zu Ansammlungen erregter Flüchtlinge. Diese beruhigten sich erst nach einer vom Kreisleiter der NSDAP in Saarbrücken gegebenen Aufklärung.

In verschiedenen Gebieten wird die Aufteilung der Evakuierten für ungleichmäßig und allzu schematisch angesehen. Vor allem wird über die unterschiedliche Verteilung der notwendigen Lebensgüter geklagt. Es wird angeregt, von den Gebieten, in denen sich keine Flüchtlinge befinden, einen Teil der Kontingente an Verbrauchsgütern den Bergungsgebieten zum Ausgleich zuzuweisen. Darüber hinaus wird geltend gemacht, daß die Finanzkraft der einzelnen Kreise bei der Aufstellung der Bergungspläne nicht genügend berücksichtigt worden sei.

Während die Evakuierten die Transportmittel außerordentlich zum Nachholen ihres Privateigentums in Anspruch nehmen, soll es z.B. in Saarbrücken für die Wehrmacht sehr schwer sein, die vorhandenen wertvollen Rohstoffe usw. zurückzuführen, die für die Kriegsführung wichtiger sind, als das einzelne Privatgut.

Die Einsetzung einer verantwortlichen Persönlichkeit mit der entsprechenden Totalvollmacht wird als notwendig erachtet. Zur Zeit teilt sich die Unterbringung der Evakuierten folgendermaßen auf:

	I. Räumungsgaue	
1.)	*Gau Baden*	*118.433*
2.)	*Gau Koblenz-Trier*	*27.112*
3.)	*Gau Köln-Aachen (bisher nicht geräumt)*	
4.)	*Gau Saarpfalz*	*401.781*
5.)	*Stadt Wilhelmshaven (mutmaßlich 20.000 weitere Rückgeführte, Verbleib unbekannt)*	*10.000*
6.)	*Räumungsgaue unbekannt*	*14.012*
	II. Bergungsgaue	
1.)	*Gau Baden mit*	*32.500*
2.)	*Gau Bayerische Ostmark mit*	*42.528*
3.)	*Gau Essen mit*	*806*
4.)	*Gau Franken (nur vorübergehend) mit*	*3.440*
5.)	*Gau Halle Merseburg mit*	*12.966*
6.)	*Gau Hessen-Nassau mit*	*6.000*
7.)	*Gau Kur-Hessen mit*	*72.691*
8.)	*Gau Mark-Brandenburg mit*	*650*
9.)	*Gau Magdeburg-Anhalt mit*	*56.150*
10.)	*Gau Main-Franken mit*	*53.220*
11.)	*Gau Mecklenburg mit*	*4.158*
12.)	*Gau München mit*	*5.292*
13.)	*Gau Sachsen mit*	*1.300*
14.)	*Gau Schwaben mit*	*1.105*
15.)	*Gau Südhannover-Braunschweig mit*	*51.442*
16.)	*Gau Thüringen mit*	*125.648*
17.)	*Gau Weser-Ems mit*	*10.000*
18.)	*Gau Westfalen-Nord mit*	*4.396*
19.)	*Gau Westfalen-Süd mit*	*2.218*
20.)	*Gau Württemberg-Hohenzollern (Bergung) mit*	*6.500*
	(Sammlung) mit	*78.328*
		571.338
	III. Versprengte befinden sich in den Gauen:	
1.)	*Gau Berlin*	*646*
2.)	*Gau Ost-Hannover*	*700*
3.)	*Gau Salzburg*	*150*
4.)	*Gau Sudetenland*	*400*
		573.234 [73]

Bericht zur innenpolitischen Lage (Nr. 5), 18. Oktober 1939

1. Allgemeine Stimmung und Lage

Die Erfolge der deutschen Luftwaffe und der deutschen Unterseeboote werden in der Allgemeinheit mit großer Freude und Begeisterung aufgenommen. Sie haben sich auf die Stimmung der Bevölkerung gut ausgewirkt. Die Zuversicht auf den Erfolg eines Vernichtungskrieges gegen England ist gestiegen. Auch die Nachricht von der Räumung des vor dem Westwall liegenden deutschen Gebietes hat das Gefühl der militärischen Stärke des Reiches gefestigt.- Etwas niedergedrückt ist teilweise die Stimmung in den westlichen Operationsgebieten. Die Ungewißheit darüber, ob größere Kampfhandlungen zu erwarten sind, führte dort dazu, daß die Arbeitslust in der Wirtschaft, besonders in der Landwirtschaft, verschiedentlich nachließ. Auch die durch gewisse organisatorische Mängel verursachte Mißstimmung bei einem Teil der aus der roten Zone Zurückgeführten wirkte sich auf die allgemeine Stimmung der in den westlichen Grenzgebieten zurückgebliebenen Bevölkerung nachteilig aus. [...][74]

Bericht zur innenpolitischen Lage (Nr. 12), 6. November 1939

1. Allgemeine Stimmung und Lage

[...] In der Gegend von Üchtlingen i.B. wurde in diesen Tagen die Bevölkerung bei der Kartoffelernte von feindlichen Truppen, angeblich Engländern, beschossen. Einige Personen wurden leicht verwundet. - In Mittelbaden wurde in letzter Zeit festgestellt, daß der Zustrom von Zivilisten nach dem Westwall immer mehr zunahm. Es handelte sich in der Mehrzahl um Frauen, Bräute und Kinder

der an der Rheinlinie stehenden Soldaten. Die Polizeibehörden sorgten deshalb durch Aufstellung von Posten auf den Straßen und Wegen entlang der Bahnlinien dafür, daß die Zivilpersonen, die im Gebiete des Westwalls nichts zu tun haben, dort zurückgehalten wurden. [...][75]

Bericht zur innenpolitischen Lage (Nr. 13), 8. November 1939

[...]

Anlage

Räumung der westlichen Grenzzone

Die Auswertung aller nunmehr vorliegenden Meldungen über die Räumung der westlichen Grenzzone ergibt, daß zwar die allgemeine Organisation der Freimachung im allgemeinen gut vorbereitet war, aber die Durchführung teilweise stark versagt hat. Als eine der Hauptursachen dafür wurde immer wieder darauf hingewiesen, daß mit der Durchführung der Freimachung nicht einheitlich überall dieselben Stellen beauftragt worden seien. Als Folge davon habe sich oft ein völlig programmwidriger Verlauf der Freimachung ergeben, wobei die Leidtragenden die Rückgeführten waren. Im Zusammenhang mit der Erörterung des Ablaufs der Freimachung wurde stellenweise verbreitet, der Führer habe die Überstürzung der Räumung der roten Zone beanstandet.

Beim Weitertransport der Flüchtlinge aus ihren Sammel- und Stopgebieten in die endgültigen Bergungsgebiete haben vor allem ungenügende Aufklärung über die Dauer der Räumung und über Transportfragen, mitunter rigoroses Verhalten der Transportleiter gegenüber Kranken und sonst beschränkt Transportfähigen, unfreundliche Aufnahme durch die Quartiergeber sowie unzureichende Mitnahme von Kleidern und sonstigen Gebrauchsgegenständen aus der Heimat veranlaßt, daß bereits während der Durchführung der Transporte in manchen Fällen bis zu 80% der Rückgeführten eigenmächtig den Transport verlassen und sich entweder wieder in die Heimatgebiete oder mit unbestimmten Ziel auf die „wilde Wanderschaft" begeben haben. Zur Beseitigung dieser wilden Wanderer in den Räumungs- und auch in den Bergungsgebieten sind bereits entsprechende Maßnahmen von den zuständigen Stellen getroffen. Von Kreisen der mit dem Weitertransport befaßten Stellen wird allgemein hervorgehoben, daß eine Besserung schon dann erreicht werden könnte, wenn man die Tätigkeit der Kreisleiter, Ortsgruppenleiter, Bürgermeister und Verbindungsmänner nicht durch zu viele Anordnungen einschränken, sondern ihnen mehr Möglichkeiten zu freier Entscheidung in eigener Verantwortung geben würde. Es könnten dann viele Härten vermieden werden. [...][76]

Bericht zur innenpolitischen Lage (Nr. 15), 13. November 1939

1. Allgemeine Stimmung und Lage

[...] In der bayerischen Pfalz sind die Bauern über die Wegnahme ihres Landes zum Bau einer dritten Verteidigungslinie unzufrieden. Sie halten dies für unnötig, da sie glauben, daß der Westwall ohnehin unüberwindlich sei. - Bei Lambsheim in der bayerischen Pfalz warfen feindliche Flieger Eierhandgranaten auf erntende Bauern ab, ohne jedoch Treffer zu erzielen. Im Kreis Lahr i.B. hörte man am Sonnabend zum ersten Mal Geschützfeuer von der nahen Front. Die Franzosen beschossen deutsche Flieger, welche an der Grenze entlangflogen. [...][77]

Bericht zur innenpolitischen Lage (Nr.17), 17. November 1939

1. Allgemeine Stimmung und Lage

[...] Nach dem Scheitern der gemeinsamen holländisch-belgischen Bemühungen um Friedensverhandlungen verbreiten sich in der Allgemeinheit die schon seit einiger Zeit aufkommenden Gerüchte von einem bevorstehenden Großangriff gegen Großbritannien immer stärker. In den westlichen Grenzgebieten rechnet die Bevölkerung auch mit größeren Kampfhandlungen an der Westfront, zumal allmählich bekannt geworden ist, daß die deutschen Truppen auf französischem Gebiet (Forbach und Spicherer Höhen) vorgestoßen sind. Aus Offenburg und Karlsruhe wird gemeldet, daß dort wieder beunruhigende Gerüchte über eine bevorstehende Räumung dieser Städte umgehen. In Trier wurde davon gesprochen, daß die Stadt geräumt werden sollte, da sie zur Unterbringung deutscher Truppen bestimmt sei. Der Generalinspektor für das deutsche Straßenwesen, Dr. Todt, teilte hierzu mit, daß als Truppenquartiere nicht die Wohnungen der Zivilbevölkerung vorgesehen seien, sondern daß dazu Baracken gebaut werden sollten. Die Befestigungsarbeiten vor den bisher fertiggestellten deutschen Bunkerlinien werden im allgemeinen ohne Störung durch den Feind fortgesetzt. Nur aus dem Kreis Saarburg wird gemeldet, daß dort die Straße Besch/Nennig, auf welcher Baumaterialien für die neu zu errichtenden Befestigungswerke am Frontabschnitt Perl/Merzig herantransportiert wurden, beschossen wurde. Die dort tätigen Arbeiter wurden nunmehr mit Stahlhelmen und Gasmasken ausgerüstet. Die Materialtransporte zur Front wurden fortgesetzt. [...][78]

Das „Deutsche Schutzwall-Ehrenzeichen" und das Eiserne Kreuz

Den Arbeitsdienstmännern sowie den anderen Arbeitern der Westbefestigungen wurden von der deutschen Regierung zwei verschiedene Auszeichnungen verliehen: Das „Deutsche Schutzwall-Ehrenzeichen" und später auch das Eiserne Kreuz. Das Schutzwall-Ehrenzeichen hatte seinen Urheber in Adolf Hitler, der dieses am 2. August 1939 „für Verdienste um die Anlage und Errichtung des Westwalls" stiftete. Es wurde an einem braunen, durch zwei weiße Streifen eingefassten Band, auf der linken Brustseite getragen. Das Ehrenzeichen war der erste Orden, der nicht an militärische Kräfte, sondern an zivile Personen verliehen wurde. Die Voraussetzung für die Verleihung des Schutzwall-Ehrenzeichens war für den jeweiligen Arbeiter, daß er sechs Monate bei der Errichtung des Westwalls mitgearbeitet hatte. Laut der Begründung der NS-Regierung sollte das Schutzwall-Ehrenzeichen ein Zeichen der Anerkennung der Arbeit sein. Es hatte die Funktion, die Arbeiter zu entschädigen, die unter annähernd militärischer Kasernierung, schwerer Arbeit und der Trennung von Heimat und ihren Familien litten.

„Lehmorden"

Entgegen den sonstigen Gepflogenheiten bei der Verleihung von Auszeichnungen wurde im Falle des „Deutschen Schutzwall-Ehrenzeichens" auf ein feierliches Zeremoniell in der Regel verzichtet. Das Abzeichen wurde manchen Arbeitern einfach per Postversand zugeschickt, teilweise sogar noch im Jahre 1941, als der Bau des Westwalls schon längst eingestellt worden war (bis 1941 wurden insgesamt 622.064 Ehrenzeichen verliehen). Dagegen wurden medienwirksame Massenverleihungen auf großen Baustellen propagandistisch ausgeschlachtet. Die Aussage seitens der Nationalsozialisten „wir sorgen uns um unsere Westwallarbeiter" stand im Vordergrund.
Das „Deutsche Schutzwall-Ehrenzeichen" verlor mit der Zeit an Wert und Ansehen, da die Zahl der Verleihungen inflationär hoch geworden war. Diesbezüglich berichtet der Sicherheitsdienst der SS in seinen

Meldungen aus dem Reich (Nr. 39), 12. Jan. 1940, I. Allgemeines:
Bei den Westwallarbeitern herrscht teilweise Verstimmung darüber, daß das Westwall-Ehrenzeichen an politische Leiter, SA-Führer usw. sofort verliehen wurde, auch wenn diese die Voraussetzungen der Verleihung kaum erfüllten, während Arbeiter mit langer Dienstzeit am Westwall das Ehrenzeichen zum großen Teil bis heute noch nicht erhalten haben. [...][79]

Die große Zahl der Verleihungen trug mit dazu bei, daß das Schutzwall-Ehrenzeichen unter den Westwallarbeiten auch „Lehmorden" genannt wurde. Das Schutzwall-Ehrenzeichen war bis zum Herbst 1944 Westwallarbeitern vorbehalten. Dann konnte es allen verliehen werden, die sich beim Ausbau der Reichsverteidigungsstellungen im Westen und Osten verdient machten.
Auch das Eiserne Kreuz - ein ursprünglich militärischer Orden - wurde an Westwallarbeiter verliehen. Dies geschah erstmals am 20. April 1940 (Hitlers Geburtstag) in Berlin. Dabei änderte sich die Bezeichnung der Arbeiter, die nun „Frontarbeiter" genannt wurden. Durch die Vergabe des Eisernen Kreuzes, das noch die Exklusivität besaß, die das Schutzwall-Ehrenzeichen verloren hatte, sollte die Wertschätzung der Arbeit der Westwallarbeiter in der Bevölkerung erhöht werden.
Beliebte Erinnerungsstücke der Westwallarbeiter waren auch die sog. Westwallringe, die ihre eigene Geschichte haben.

Kitsch und Kommerz

Der Pforzheimer Goldschmied Gottfried Grau war im Oktober 1938 einer von fast 500.000 Westwallarbeitern. In einer freien Stunde

"Dieses Westwall-Ehrenzeichen ist ein Zeichen der Ehre, der Achtung und der Anerkennung der Arbeit, das mit dem gleichen Recht und dem gleichen Stolz von den Arbeitskameraden getragen werden soll, wie das Eiserne Kreuz unter den feldgrauen Kameraden."
Dr. Fritz Todt, 1939

Das Deutsche Schutzwall-Ehrenzeichen. Die Rückseite trägt die Inschrift: "Für Arbeit zum Schutze Deutschlands".

Westwall-Armkettchen waren beliebte Souvenirs bei den Arbeitern.

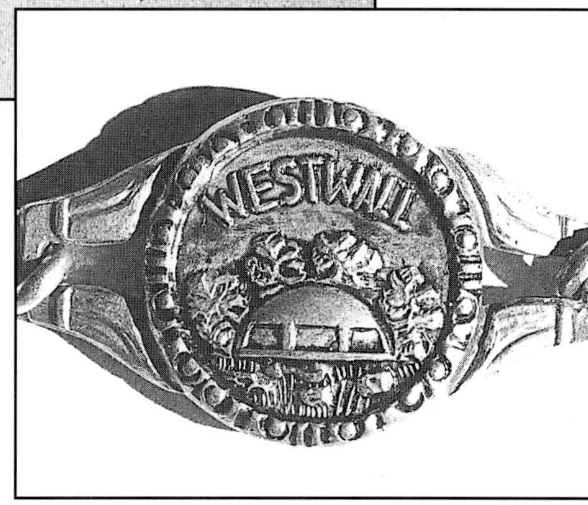

fertigte er aus einem Stück Drahtabfall einen einfachen Ring an. Dies war die Geburtsstunde des Westwallrings. Nachdem Grau seine Arbeitszeit abgeleistet hatte, soll er den Ring einem jungen Arbeiter geschenkt haben. Dessen Kameraden beim Westwallbau fanden Gefallen an der Idee und

Am 20. April 1940 wurde das Eiserne Kreuz erstmals an 11 Westwallarbeiter verliehen.

stellten selbständig ihre individuellen Westwallringe her. Grau kehrte ein Jahr später als Soldat an die immer noch im Bau befindlichen Westbefestigungen zurück und fertigte aufgrund einer hohen Nachfrage bis zu 50 Exemplare pro Tag. Doch wurde den Soldaten kurze Zeit später die Herstellung von Westwallringen verboten, weil sie dazu Kupferdrähte aus Stromkabeln verwendeten.
Auch die Schmuckindustrie sah Absatzchancen und produzierte nun auf maschinelle Weise Westwallringe nach dem Vorbild von Ringen aus dem Ersten Weltkrieg. Dazu meldet der Sicherheitsdienst der SS in seinem Bericht:

Meldungen aus dem Reich (Nr. 44), 24. Januar 1940, I. Allgemeines:
[...] in letzter Zeit tauchen, insbesondere im Westen des Reiches, Firmenangebote und Reklamen für sogenannten „Westwallschmuck" auf. Dieser Schmuck, es handelt sich dabei häufig um Fingerringe (Westwallringe, Protektoratsringe), wird neuerdings auch in Einheitspreisgeschäften angeboten. Von Kreisen der Bevölkerung wird dieser Schmuck einerseits als kitschig abgelehnt, andererseits besteht vor allem bei den Arbeitern, die am Westwall tätig waren, oder bei deren Angehörigen, ein starkes Interesse nach irgendeinem Erinnerungsstück, daß sie nach außen hin sichtbar tragen können. [...][80]

Die kommerziellen Erzeugnisse mit Westwallmotiven übten eine starke Anziehungskraft aus, da sie das Gemeinschaftsgefühl der Westwallarbeiter ansprachen. Mit dem Erwerb z.B. eines Westwallringes "erkauften" sich die Arbeiter ein Stück Gemeinschaft. Doch durch die industriell-maschinelle Produktion und aufgrund der starken Nachfrage bei der Arbeiterschaft verlor auch der Westwallring nach einer gewissen Zeit seine Einzigartigkeit. In der Reihe der Erzeugnisse blieb es nicht nur bei dem Westwallring. Es gab weiterhin Produkte wie z.B. Bierkrüge verschiedener Ausführungen mit Westwallmotiven. Auch die Spielzeugindustrie vermarktete den Westwall in Form von Modellen für die „Schlacht im Kinderzimmer".[81]

Anmerkungen

[1] zitiert aus: Mickel, Wolfgang (Hrsg.): Geschichte, Politik, Gesellschaft. Berlin, Cornelsen Verlag, Band 1, 1988.
[2] vgl. Pothmann, Jochen: Aus der Geschichte einer Gemeinde - Wegberg zwischen 1936 und 1946. Hrsg.: Historischer Verein Wegberg e.V. Wegberg, Roka-Verlag, 1995, S. 10-11.
[3] vgl. Die Deutsche Geschichte, Ausgabe 17, offizielles Begleitmaterial zur Fernsehserie "Mitten in Europa - Deutsche Geschichte" bei SAT1. Braunschweig, Archiv Verlag GmbH, 1989, S. 468-469.
[4] vgl. Neue Gesellschaft für bildende Kunst: Wir bauen des Reiches Sicherheit, Mythos und Realität des Westwalls. Berlin, Argon Verlag, 1992, S. 11-13. Künftig zitiert: Neue Gesellschaft für bildende Kunst: Wir bauen des Reiches Sicherheit.
[5] vgl. Das III. Reich. Eine Tageschronik der Politik, Wirtschaft, Kultur. Düsseldorf, Droste Verlag GmbH, 1982, S. 446.
[6] vgl. Neue Gesellschaft für bildende Kunst: Wir bauen des Reiches Sicherheit. S. 11-13.
[7] vgl. Grasser / Stahlmann: Westwall, Maginotlinie, Atlantikwall. Leoni/Starnberger See, Druffel-Verlag, 1983, S. 11-15. Künftig zitiert: Grasser / Stahlmann: Westwall, Maginotlinie, Atlantikwall.
[8] ebd. S. 14-15.
[9] vgl. Frenken, Wilhelm: Zeitungsserie über die Geschichte des Westwalls in den Aachener Nachrichten vom 16.08.1988 bis 29.10.1988. 23.09.1988 (Teil Nr. 9). Künftig zitiert: Frenken: Zeitungsserie über die Geschichte des Westwalls.
[10] vgl. Neue Gesellschaft für bildende Kunst: Wir bauen des Reiches Sicherheit. S. 15-16.
[11] vgl. Groß, Manfred: Der Westwall zwischen Niederrhein und Schnee-Eifel. Köln, Rheinland Verlag, 1982, S. 151. Künftig zitiert: Groß: Der Westwall zwischen Niederrhein und Schnee-Eifel.
[12] vgl. Grasser / Stahlmann: Westwall, Maginotlinie, Atlantikwall. S. 13-14.
[13] Nach Mitteilung von Dieter Robert Bettinger, Ottweiler.
[14] vgl. Frenken: Zeitungsserie über die Geschichte des Westwalls. 16.08.1988.
[15] Nach Mitteilung von Dieter Robert Bettinger, Ottweiler.
[16] vgl. Groß: Der Westwall zwischen Niederrhein und Schnee-Eifel. S. 24.
[17] Nach Mitteilung von Dieter Robert Bettinger, Ottweiler.
[18] ebd.
[19] ebd.
[20] vgl. Hohenstein/Trees: Hölle im Hürtgenwald. Aachen, Triangel-Verlag, 1981, S. 41. Künftig zitiert: Hohenstein/Trees: Hölle im Hürtgenwald.
[21] vgl. Frenken: Zeitungsserie über die Geschichte des Westwalls. 23.09.1988 (Teil Nr. 9).
[22] Nach Mitteilung von Dieter Robert Bettinger, Ottweiler.
[23] vgl. v. Gönner, Generalarbeitsführer (Hrsg.): Spaten und Ähre. Das Handbuch der deutschen Jugend im Reichsarbeitsdienst. Heidelberg, Vowinkel Verlag,1939, S. 224.
[24] Zitat entnommen aus: Kahlen, Ludwig: Das kommunale Tagebuch. Herzogenrath, Verlag Alwin Handels, 1965, S. 182.
[25] vgl. Grasser / Stahlmann: Westwall, Maginotlinie, Atlantikwall. S. 16-19.
[26] Nach Mitteilung von Dieter Robert Bettinger, Ottweiler.
[27] vgl. Hohenstein / Trees: Hölle im Hürtgenwald. S. 42.
[28] vgl. Neue Gesellschaft für bildende Kunst: Wir bauen des Reiches Sicherheit. S. 27.
[29] vgl. Grasser / Stahlmann: Westwall, Maginotlinie, Atlantikwall. S. 20.
[30] vgl. Frenken: Zeitungsserie über die Geschichte des Westwalls. 02.09.1988 (Teil Nr. 6).
[31] vgl. Neue Gesellschaft für bildende Kunst: Wir bauen des Reiches Sicherheit. S. 18.
[32] vgl. Frenken: Zeitungsserie über die Geschichte des Westwalls. 20.10.1988 (Teil Nr. 13).
[33] vgl. Neue Gesellschaft für bildende Kunst: Wir bauen des Reiches Sicherheit. S. 18.
[34] vgl. Bedürftig, Friedemann: Lexikon III. Reich. Hamburg, Carlsen-Verlag GmbH, 1994, S. 288. Künftig zitiert: Bedürftig: Lexikon III. Reich.
[35] vgl. Groß: Der Westwall zwischen Niederrhein und Schnee-Eifel. S. 30.
[36] vgl. Neue Gesellschaft für bildende Kunst: Wir bauen des Reiches Sicherheit. S. 15.
[37] vgl. Bedürftig: Lexikon III. Reich. S. 317-319.
[38] vgl. Müller, Helmut: Schlagworte der deutschen Geschichte, Bundeszentrale für politische Bildung. München, Mannheimer Morgen Großdruckerei und Verlag GmbH, 1988, S. 276-277. Künftig zitiert: Müller: Schlagworte der deutschen Geschichte.

[39] zitiert aus: v. Gönner, Generalarbeitsführer (Hrsg.): Spaten und Ähre. Das Handbuch der deutschen Jugend im Reichsarbeitsdienst. Heidelberg,Vowinkel Verlag, 1939, S. 114-115. Künftig zitiert: v. Gönner: Spaten und Ähre.
[40] vgl. Bedürftig: Lexikon III. Reich. S. 317-319.
[41] vgl. Müller: Schlagworte der deutschen Geschichte. S. 276-277.
[42] vgl. v. Gönner: Spaten und Ähre. S. 114.
[43] vgl. Bedürftig: Lexikon III. Reich. S. 317-319.
[44] Nach Mitteilung von Dieter Robert Bettinger, Ottweiler.
[45] vgl. Groß: Der Westwall zwischen Niederrhein und Schnee-Eifel. S. 238-239.
[46] vgl. Bedürftig: Lexikon III. Reich. S. 317-319.
[47] vgl. Frenken: Zeitungsserie über die Geschichte des Westwalls. 29.10.1988 (Teil Nr. 15).
[48] vgl. Groß: Der Westwall zwischen Niederrhein und Schnee-Eifel. S. 297.
[49] vgl. Grasser / Stahlmann: Westwall, Maginotlinie, Atlantikwall. S. 20.
[50] vgl. Groß: Der Westwall zwischen Niederrhein und Schnee-Eifel. S. 298.
[51] vgl. Grasser / Stahlmann: Westwall, Maginotlinie, Atlantikwall. S. 20.
[52] Nach Mitteilung von Dieter Robert Bettinger, Ottweiler.
[53] vgl. Groß: Der Westwall zwischen Niederrhein und Schnee-Eifel. S. 316-320.
[54] ebd. S. 324.
[55] ebd. S. 334.
[56] Zitat entnommen aus: Kahlen, Ludwig: Das kommunale Tagebuch. Herzogenrath, Verlag Alwin Handels, 1965, S. 205.
[57] Nach Mitteilung von Dieter Robert Bettinger, Ottweiler.
[58] vgl. Groß: Der Westwall zwischen Niederrhein und Schnee-Eifel. S. 223-227.
[59] ebd. S. 223-227.
[60] ebd. S. 223-227.
[61] ebd. S. 227.
[62] ebd. S. 101-116.
[63] vgl. Frenken: Zeitungsserie über die Geschichte des Westwalls. 17.09.1988 (Teil Nr. 10).
[64] vgl. Grasser / Stahlmann: Westwall, Maginotlinie, Atlantikwall. S. 15.
[65] Nach Mitteilung von Dieter Robert Bettinger, Ottweiler.
[66] vgl. Neue Gesellschaft für bildende Kunst: Wir bauen des Reiches Sicherheit. S. 42-86.
[67] vgl. Frenken: Zeitungsserie über die Geschichte des Westwalls. 16.08.1988 (Teil Nr 1).
[68] vgl. Neue Gesellschaft für bildende Kunst: Wir bauen des Reiches Sicherheit. S. 42-86.
[69] vgl. Geschichtlicher Arbeitskreis Bitburger Land: Dokumentation Westwall in der Eifel. S. 40-41.
[70] zitiert aus: Heimatblätter des Landkreises Aachen. Hrsg.: Verlag des Heimatvereins des Landkreises Aachen, Heft 2 u. 3, 8. Jahrgang, S. 119-120.
[71] zitiert aus: Frohe Rechenstunden im 7. und 8. Schuljahr. Verlag Pet. Schmitz Wme., Bonn ; Verlag L. Schwann, Düsseldorf, S. 112-113.
[72] vgl. Boberach, Heinz (Hrsg.): Meldungen aus dem Reich. Die geheimen Lageberichte des Sicherheitsdienstes der SS 1938-1945. Herrsching, Pawlack Verlagsgesellschaft mbH, 1984, S. 11-18. Künftig zitiert: Boberach: Meldungen aus dem Reich.
[73] zitiert aus: Boberach: Meldungen aus dem Reich. Band 2, S. 343-344.
[74] ebd. Band 2, S. 364.
[75] ebd. Band 2, S. 421.
[76] ebd. Band 2, S. 438-439.
[77] ebd. Band 3, S. 449.
[78] ebd. Band 3, S. 465-466.
[79] ebd. Band 3, S. 635.
[80] ebd. Band 3, S. 682.
[81] vgl. Neue Gesellschaft für bildende Kunst: Wir bauen des Reiches Sicherheit. S. 122-132.

Der Westwall im Altkreis Prüm (Maria Braus)

Eine Projektarbeit am Regino-Gymnasium in Prüm

Vielleicht fällt es dem ein oder anderen zunächst einmal schwer, für das Thema „Westwall" größeres Interesse aufzubringen, weil er nicht in irgendeiner Weise zu den Betroffenen gehört.

Betroffen sind natürlich diejenigen, die die fünf Jahre des Westwallbaus und die damit verbundenen Veränderungen ihrer Umwelt und ihrer Lebensgewohnheiten miterlebt haben. Betroffen sind aber auch die, die heute in der Nachbarschaft dieser ehemaligen sogenannten Befestigungsanlagen leben - noch lange werden leben müssen - und die wohl deshalb fragen, wie und warum dieser „Schutzwall" entstanden ist, von dem Christoph Rüger in seinem Vorwort zu Manfred Groß Werk über den Westwall zwischen Niederrhein und Schnee-Eifel schreibt, er gehöre zu den umfangreichsten und beständigsten Bodendenkmälern des Rheinlandes.

Als im Mai 1986 die ersten Vorplanungen für eine Projektwoche am Regino-Gymnasium begannen, ergab sich die Gelegenheit, diesen Fragen einmal nachzugehen. 25 Schülerinnen und Schüler der Klassenstufen 9 bis 13 haben sich im August 1986 zu Beginn des neuen Schuljahres für das Thema „Der Westwall im Altkreis Prüm" entschieden.

In den Wochen vor der eigentlichen Projektwoche wurde vor allem an der Beschaffung des Archivmaterials gearbeitet. Anläßlich einer Klassenfahrt nach Breisach war ein Besuch im Bundesarchiv in Freiburg möglich. Ein kleiner Teil der vom dortigen Militärarchiv zur Verfügung gestellten Dokumente konnte in einer Ausstellung gezeigt werden. Weitere Dokumente und Karten wurden uns vom Politischen Archiv des Auswärtigen Amtes, den örtlichen Behörden - dem Kulturamt und dem Katasteramt - sowie aus privaten Archiven überlassen.

Nach der Vorbereitung der Befragung am Montag, dem 1. September 1986 wurde in der folgenden Woche die Befragung der Zeitzeugen durchgeführt. Die vorliegenden Berichte zeigen, daß dabei nicht nach einem starren Schema - im Sinne einer Fragebogenaktion etwa - vorgegangen wurde, sondern daß ein wirklicher Dialog zwischen den noch lebenden Augenzeugen des Westwallbaus und ihren jungen Gesprächspartnern möglich wurde. Die befragten Zeitzeugen, in vielen Fällen Familienmitglieder der Schüler und interessierte Besucher der Dokumentation, bestätigen mehrfach, daß dies wohl der erste Anstoß zu einem Gespräch über den Nationalsozialismus gewesen sei.

In der eigentlichen Projektwoche vom 22. bis 26. September 1986 war ein umfangreiches Arbeitsprogramm zu bewältigen. In einem ersten Schritt erfolgte die notwendige Einführung in die nationalsozialistische Außenpolitik. Die Frage, welchen Zweck man mit diesen Militärbauten verfolgte und was die NS-Propaganda dazu sagte, konnte anhand des vorliegenden Archivmaterials untersucht werden. Die weiteren Themen wurden von Einzelgruppen bearbeitet und in die Dokumentation eingebracht.

Auf dem Programm der Projektwoche standen noch die Besichtigung einzelner Bunkeranlagen und der Höckerhindernisse im Bereich des Altkreises Prüm, ein Besuch im sogenannten „Panzerwerk-Katzenkopf" in Irrel und die Vorstellung einer belgischen Fernsehdokumentation über das Ende des Zweiten Weltkrieges im hiesigen Raum. Einen weiteren Schwerpunkt der Untersuchung bildeten der heutige Zustand und die sogenannte Teilbeseitigung der Anlagen.
Die Ergebnisse der Projektarbeit wurden im Rahmen einer Ausstellung im Frühjahr 1987 in der Volksbank Prüm, im Winter 1988 im Volkskundemuseum Roscheider Hof in Konz und Anfang 1994 im Beda-Haus Bitburg einer sehr interessierten Öffentlichkeit zugänglich gemacht.

Ergebnisse einer Befragung

Die Schüler der Projektgruppe Geschichte des Regino-Gymnasiums haben mit Hilfe eines vorher ausgearbeiteten Fragenkataloges 21 Zeitzeugen befragt und die Ergebnisse aufgezeichnet.

Die Befragten lebten zur Zeit des Westwallbaus, d.h. von Juni 1938 bis Herbst 1939, in den folgenden Eifelorten: Hallschlag, Roth, Schönfeld, Reuth, Gondelsheim, Brandscheid, Schloßheck, Großkampenberg, Leidenborn, Lünebach, Heisdorf, Pintesfeld, Balesfeld und Arzfeld. Sie waren 1986 zwischen 57 und 85 Jahren alt. Das Durchschnittsalter betrug 70 Jahre.

Ein Teil der Befragten war am Bau der Westwallanlagen beteiligt. Zwei von ihnen haben bei der Verlegung von Wasserleitungsrohren mitgeholfen, zwei waren als Bauarbeiter tätig, zwei weitere als Steinbrucharbeiter und einer als LKW-Fahrer. Unter den Befragten waren außerdem zwei ehemalige Lehrer, fünf ehemalige Landwirte, eine ehemalige Gaststätteninhaberin, eine Hausangestellte sowie vier Personen, die den Westwallbau als Schüler miterlebt haben.

Arbeiter und Arbeitsbedingungen

Die am Westwall eingesetzten Arbeiter kamen in großer Zahl aus dem ganzen Reichsgebiet: aus Schleswig-Holstein, aus dem Ruhrgebiet, aus Schlesien, Ostpreußen und aus Sachsen. Auch aus den Städten der näheren Umgebung und aus der einheimischen Bevölkerung wurden Arbeitskräfte bereitgestellt. Bisher noch nicht bestätigte Aussagen eines Zeitzeugen lassen vermuten, daß auch aus dem benachbarten deutschsprachigen Teil Belgiens Arbeiter an die Westwallbaustelle geholt wurden.

Ein Teil der Arbeiter war nach der Verordnung vom 22. Juni 1938 („Sicherung des Kräftebedarfs für Aufgaben von besonderer staatspolitischer Bedeutung") für ein Jahr dienstverpflichtet worden. Industriebetriebe haben aufgrund dieser Verpflichtung vor allem diejenigen Arbeiter abgestellt, von denen man glaubte, sie am ehesten entbehren zu können. Die freiwillig gekommenen Arbeiter, die überwiegend der jüngeren Generation (17-35 Jahre) angehörten, erhofften sich bessere Verdienstmöglichkeiten. Die Arbeiter waren bis zu 60 Jahre alt.

Zum Arbeitsverhalten wurden folgende Aussagen festgehalten: „Es wurde ordentlich geschafft, so wie heute auch". „Man arbeitete gerne, weil man gut bezahlt wurde". „Manche Arbeiter hätten lieber nichts getan. Aber viele waren froh, daß sie überhaupt Arbeit hatten."

Zwischen fünf und sechs Uhr morgens wurden die Arbeiter aus den einzelnen Dörfern mit Bussen zu den Arbeitsstellen gebracht. Es wurde an mindestens 6 Tagen je Woche gearbeitet. Der Arbeitstag begann um sechs Uhr morgens und endete gegen 18 Uhr.

Zuerst mußten für den Bau der Bunker die Baugruben ausgehoben werden. Dabei konnte auf Hilfsmittel wie Schaufelbagger, Feldbahnen, Lastkraftwagen, Förderbänder und Sprengstoff zurückgegriffen werden. Überwiegend wurde jedoch Handarbeit geleistet. Die Schalung und das Eisengeflecht wurde von Facharbeitern und angelernten Arbeitern in Akkordarbeit vorgenommen. Die Betonierung der Bunker mußte in einem Arbeitsgang (36 Stunden) erfolgen. Zu diesen Arbeiten mußten alle Arbeiter der jeweiligen Baustelle antreten. Meistens standen 4 bis 5 große Betonmischer zur Verfügung (Benzin- oder Dieselantrieb). Für Beleuchtung sorgten sogenannte „Petromaxlampen" (Petroleum-Gas-Gemisch mit hoher Leuchtkraft). Aus den Mischern wurde der Beton in die sogenannten „Japaner" (Bottiche auf vier Rädern mit rd. 50 l Fassungsvermögen) geschüttet. Diese wurden über Bohlen zur Baugrube gebracht und in die Schalung gekippt. Die Ausschalung erfolgte in den Wintermonaten 1938/39.

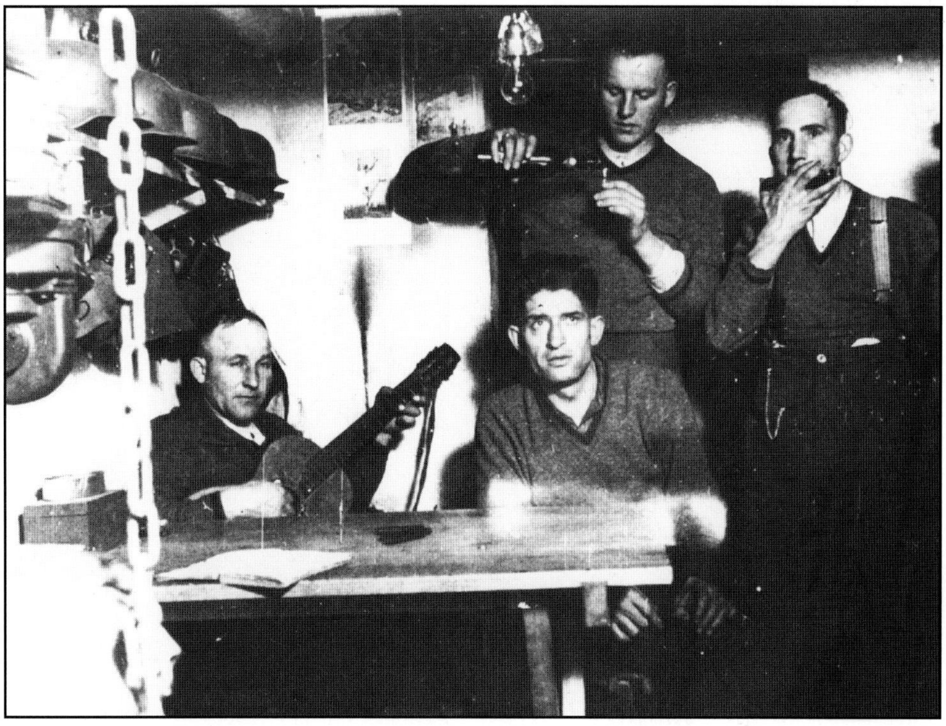

Bunkerbesatzung Weihnachten 1939 in Kesfeld

Gemessen an der großen Zahl der Arbeiter und Baustellen ereigneten sich nach Aussagen der Befragten nur wenige Unfälle. Dies scheint hauptsächlich auf den Vorrang der Handarbeit zurückzuführen sein. Auf Schutzvorkehrungen wurde weitestgehend verzichtet.

Auf der Baustelle gab es oft „Reibereien". Der „militärische Ton" der Vorarbeiter forderte den Widerspruch der Arbeiter heraus. Meist erschien die Polizei dann auch sehr schnell und den betroffenen Arbeitern drohte eine Anklage wegen „Sabotage".

Der Stundenlohn eines Arbeiters betrug 0,60 RM, der eines Facharbeiters bis zu 1,50 RM. Für die dienstverpflichteten Arbeiter wird außerdem eine „Auslösung" von 2,50 RM pro Tag gezahlt. Ledige Arbeiter erhielten 1,50 RM Auslösung. Die Entlohnung erfolgte wöchentlich. Dabei wurde in der ersten Woche ein überhöhter Vorschuß ausgezahlt. In der zweiten Woche erfolgte die Abrechung. Häufig wurde von den Firmen zu wenig „geklebt". Bei besonders schwierigen und gefährlichen Arbeiten gab es Zuschläge, so z.B. die Naßzulage und die Gefahrenzulage bei Sprengarbeitern.

Arbeitslager bzw. Arbeitsdienstlager befanden sich in folgenden grenznahen Ortschaften:

Ormont (Goldberg):	*etwa 500 - 600 Arbeiter*
Neuenstein:	*etwa 700 - 1000 Arbeiter*
Mooshaus:	*nicht bekannt*
Knaufspech:	*etwa 1000 Arbeiter*
Habscheid und Habscheider Mühle:	*zusammen etwa 400 Arbeiter*
Kesfeld:	*etwa 200 - 300 Arbeiter*
Herzfeld:	*etwa 200 - 300 Arbeiter*
Lautzerath:	*etwa 200 - 300 Arbeiter*
entlang der Straße Pronsfeld:	*etwa 3.000. - 4.000 Arbeiter*

Unterbringung der Arbeiter

Alle Privathaushalte, die eine Unterkunft frei machen konnten (etwa 1/3 der Haushalte), haben Arbeiter einquartiert. Gezahlt wurden 1,80 bis 2,50 RM für Unterkunft und Verpflegung täglich (Frühstück und warmes Abendessen).

Etwa 50% der „Fremdarbeiter" waren privat untergebracht. Das Verhältnis zwischen Arbeitern und Hausbewohnern war im allgemeinen gut. Die anderen Arbeiter lebten in eigens errichteten Lagern.
Weitere Lager befanden sich in: Daleiden, Leidenborn, Dasburg, Pronsfeld und Brandscheid (in der Flurkarte 1939/1940 werden 4 ehemalige Lager ausgewiesen).

Für die Verpflegung sorgte jeweils eine zentrale Küche (einheimisches Personal), in der auch die sogenannte „Bunkersuppe" gekocht wurde. Diese wurde dann für alle Arbeiter mittags auf die Baustelle gebracht.

Die Ausstattung der Lager war „militärmäßig" und die sanitären Anlagen mit einem Waschraum und einer Toilette für etwa 20 Personen unzureichend. In einem solchen Lager gab es dann auch noch eine Kantine und einen Aufenthaltsraum, der zu Filmvorführungen von „Heimatfilmen" und „Varietéveranstaltungen" genutzt wurde. In Pronsfeld wurde eigens ein Zelt für derartige Veranstaltungen errichtet. Die für den Arbeitertransport aus dem gesamten Reichsgebiet beorderten Busse (Post und Privatunternehmer) wurden auch für die Fahrten zu den Veranstaltungen eingesetzt. Hieran konnte auch die einheimische Bevölkerung teilnehmen.

Die Arbeiter hielten sich in ihrer Freizeit jedoch meist in Gaststätten auf. Der Alkoholkonsum war sehr hoch und Schlägereien waren an der Tagesordnung (Lagerarbeiter untereinander, Lagerarbeiter und Dorfjugend).

Die Wirtshaussäle wurden ebenfalls als Unterkünfte genutzt, so z.B. die Säle in Roth und Ormont. Der Saal in Ormont brannte im Herbst 1939 infolge der Unachtsamkeit eines Arbeiters völlig ab.

Die Einstellung der Einheimischen gegenüber den Lagerarbeitern läßt sich in einer Skala von „neutral" bis „ablehnend" beschreiben: ...„Freche Städter"..., „Die Eltern fürchteten um die Entwicklung ihrer Kinder"..., „Überfremdung"..., „Die in der Eifel traditionelle Unterordnung hätte gefährdet werden können"...; „Die Bevölkerung hat die Situation widerstrebend hingenommen, denn dies alles war ja ein Einbruch in den gewohnten Lebensstil" ..., „Mooshausindianer"..., „Die Städter stellten zu hohe Ansprüche"...

Baustofftransport

Die Baustoffe wie Rheinkies, Zement und Eisen wurden von der Reichsbahn zu den Entladebahnhöfen (alle grenznahen Bahnhöfe, besonders Jünkerath, Hallschlag, Losheim, Gondelsheim, Willwerath, Prüm, Üttfeld, Arzfeld, Waxweiler und Bleialf) befördert.

Die Materialien wurden dort meist von Hand auf Lastkraftwagen verladen und zu den Baustellen gebracht. Privatunternehmer aus ganz Deutschland übernahmen gegen gute Bezahlung die Transportaufträge. Dar-

"Riesige Lagerplätze entstanden in allen Abschnitten der Befestigungszone. Im Hintergrund haushohe Stapel von Stacheldraht für die Herstellung von Infanteriehindernissen."

"Mehr als 15.000 Lastkraftwagen beförderten die Baustoffe an die Baustellen. Die Verkehrsregelung in den engen Dorfstraßen erforderte einen verstärkten Einsatz von Polizei und NSKK." (NSKK=Nationalsozialistisches Kraftfahrer-Korps)

aus folgte eine ganze Reihe von Firmenneugründungen.

Von Unregelmäßigkeiten bei der Abrechnung wurde wiederholt berichtet. Auch sollen sich einzelne Unfälle wegen erhöhtem Verkehrsaufkommen und Trunkenheit am Steuer ereignet haben. Mit überhöhter Geschwindigkeit konnte kaum gefahren werden, da es neben den Schotterstraßen nur sehr wenige geteerte Straßen gab (so z.B. die heutige B 51 und B 410).

Die damaligen LKW hatten eine vergleichsweise geringe PS-Zahl. Als das neueste Modell galt der Opel Blitz mit einer Ladekapazität von 3t. Der Opel Blitz hatte 70 PS und eine Höchstgeschwindigkeit von 60 km/h. Ferner gab es noch ein Ford-Modell mit einem Ladegewicht von 2,5t, einer Höchstgeschwindigkeit von ca. 40 - 50 km/h und 60 PS Motorleistung. Neben den LKW wurden auch Traktoren eingesetzt.

Einsatz der Polizeikräfte

Die örtlichen Polizeikräfte waren den vielfältigen neuen Aufgaben, wie z.B. Schlichtung von Streitigkeiten oder Absicherung von Sperrbereichen nicht gewachsen.[1] Zur Verstärkung der örtlichen Polizei wurde deshalb ein motorisierter Zug mit 37 Beamten von Düsseldorf nach Prüm verlegt.[2] Außerdem berichteten die Befragten häufig über die Anwesenheit der Gestapo vor allem in der Nähe der Baustellen („man schnüffelte sowohl in den Lagern als auch in den Ortschaften herum", „politische Straftäter (!) verschwanden spurlos")

Wasserversorgung

Die Wasserversorgung mußte dem erhöhten Bedarf angepaßt werden. In den Befragungsberichten werden folgende Einzelmaßnahmen genannt:

- *Anlage eines Tiefbrunnens in Arzfeld*
- *Anlage einer Wasserleitung zwischen Sellerich und Pronsfeld*
- *Bau von Wasserbunkern in der Schneifel und in Scheid*

Die Versorgung wurde u.a. auch durch Tankwagen sichergestellt.

Lage der Landwirtschaft

In der „roten Zone" gingen durch den Bau der Anlagen beträchtliche Wirtschaftsflächen verloren. In vielen Flächen trat eine Formverschlechterung der Parzellen ein. So wurde bereits in den Jahren 1938/39 für den Bereich Brandscheid ein Umlegungsverfahren eingeleitet, da durch die Vielzahl der Bunkeranlagen eine ordnungsmäßige Bewirtschaftung der verfügbaren Flächen kaum noch möglich war.

Es wird immer wieder von umfangreichen Erdbewegungen berichtet (Auffüllung von Senken und Abtragung von Erhebungen zwischen den einzelnen Bunkeranlagen bzw. den Bunkern und der Höckerlinie sowie im Bereich der Höckerlinie). Die Benutzung des Wegenetzes für landwirtschaftliche Fahrzeuge wurde erschwert.

Versorgungslage

Die Frage nach Versorgungsschwierigkeiten[3] bei Lebensmitteln haben die Befragten verneint (Selbstversorgung im ländlichen Raum). Allerdings waren Baustoffe für den privaten Baubedarf nicht mehr, Heizmaterial nur noch schwer erhältlich.

Wirtschaft

Alle Befragten unterstreichen die Tatsache eines kurzfristigen Aufschwunges der Wirtschaft in der Eifel. Man verfügte plötzlich in einem nicht gekannten Umfang über Bargeld.

Besorgnis in der Bevölkerung

Etwa 75% der Befragten bestätigten, daß die Bevölkerung besorgt war wegen eines bevorstehenden Krieges:

> *„...man hat an Krieg gedacht, aber nicht geglaubt, daß alles so schnell gehen würde..."*
> *„...die Bevölkerung war unzufrieden, hatte Angst vor dem Krieg. Trotz des wirtschaftlichen Aufschwunges, den die Region erfuhr, blieb die Bevölkerung dem gesamten Vorhaben gegenüber skeptisch eingestellt..."*
> *„...natürlich wußten die Bauern, daß die Bunker nicht gebaut wurden, um als 'Knollenkeller' zu dienen (so der damalige allgemeine Ausspruch), sondern zu Kriegszwecken..."*

Etwa ¼ der Befragten verneinten die Frage mit dem Hinweis auf die Propaganda, die immer wieder auf den Defensivcharakter („Schutzwall") und die Dauerhaftigkeit der Anlage („für ewig") hingewiesen habe. Von einem Teil der Bevölkerung wurden die Vorgänge als „Sensation" empfunden („...die Weltkriegszeit lebte plötzlich wieder auf...").

Die Teilbeseitigung der Westwallanlagen

Die Grundlage für die Inanspruchnahme von Grundstücken für den Bau der Westwallanlagen bildete das Gesetz über die Landbeschaffung für die Zwecke der Wehrmacht vom 29.03.1936 und das Schutzbereichsgesetz vom 24.01. 1935.

Diese Gesetze bzw. die dazu gehörenden Durchführungsbestimmungen und Richtlinien führten dazu, daß Bunker ohne Einverständniserklärung der Grundstückseigentümer gebaut werden durften.[4]
Die Duldungsverpflichtung galt als „öffentlich-rechtliche Belastung des Grundstücks"[5], es erfolgte aber keine Eintragung ins Grundbuch (Geheimhaltung der Anlagen). Eine Entschädigung wurde nur in wenigen Fällen gezahlt. Neben dem Verlust an landwirtschaftlicher Nutzfläche ergaben sich in vielen Fällen auch eine Formverschlechterung der Parzellen und umfangreiche Nutzungserschwernisse. Das 1939 eingeleitete Umlegungsverfahren wurde nicht durchgeführt. Zum Kriegsende gab es im Regierungsbezirk Trier ca. 3500 Bunker, davon etwa 1.200 im ehemaligen Kreis Prüm.

In den Nachkriegsjahren wurden die Bunker von den Alliierten gesprengt, um sie funktionsuntüchtig zu machen. Ab Februar 1948 wurden die für die Sprengung der Westwallbunker vorgesehenen Sprengstoffe (500-600 t) u.a. im Stollensystem des Kalvarienbergs gelagert[6], bis es dann am 15. Juli 1949 infolge eines Brandes zu einer verheerenden Explosionskatastrophe in Prüm kam.
Die Bunkerreste sind in den Besitz der Bundesrepublik Deutschland als Rechtsnachfolger des Deutschen Reiches übergegangen.

In den Jahren 1960 - 1965 wurde durch die Oberfinanzdirektion Koblenz (Bundesvermögensverwaltung) eine einmalige Entschädigung (Kapitalisierung der Ernteausfälle) an die betroffenen Landwirte gezahlt.

Die Grundlagen für die Beseitigung der Bunker bildeten:

I. das Allgemeine Kriegsfolgegesetz (AKG), das eine Beseitigung von Gefahrenquellen vorschreibt.
Nach den Bestimmungen dieses Gesetzes wurden die zerstörten Bunker mit Erde beschüttet, in einigen Fällen mit Zäunen gesichert. In anderen Fällen ist auch eine Beseitigung der über die Erdoberfläche herausragenden Beton- und Eisenteile vorgenommen worden, ohne daß jedoch eine landwirtschaftliche Nutzung der betreffenden Fläche möglich geworden wäre. 90 v.H. aller Teilbeseitigungen sind durch das

Bundesvermögensamt (BVA) - für den Altkreis Prüm ist das BVA Trier zuständig - vorgenommen worden.

II. Teilbeseitigung nach übergeordneten Gesichtspunkten:
Außerhalb des AKG gelten die Richtlinien des Bundestages. Die Auswahl der zu beseitigenden Objekte erfolgt durch eine gemischte Kommission mit Vertretern der Oberfinanzdirektion, des Innenministeriums des Landes und des BVA. Seit 1985 schaltet sich auch die Landespflegebehörde ein, weil sich im Bereich der Bunkerreste seltene, vom Aussterben bedrohte Tier- und Pflanzenarten angesiedelt haben.[7] *Bei der Teilbeseitigung nach II werden die Bunkerreste bis zu einer Tiefe von 0,60 m beseitigt und in gleicher Höhe mit Erde bedeckt, so daß eine uneingeschränkte landwirtschaftliche Nutzung möglich wird.*

Etwa 50 v.H., d.h. 1.750 von 3.500 Bunkern im Regierungsbezirk Trier sind nach I bzw. II beseitigt worden.

Die Kosten für eine Teilbeseitigung belaufen sich auf 10.000,— bis 17.000,— DM. Die notwendigen Mittel werden im Bundeshaushalt bereitgestellt und auf die jeweiligen Bundesländer verteilt (Kontingentierung). Die Teilbeseitigung wird vor allem im Verlauf der Flurbereinigungsverfahren in Angriff genommen.

- *Gemarkung Brandscheid: Von 130 Bunkern sind etwa 100 beseitigt worden (davon 80 nach I und 20 nach II)*
- *Gemarkung Habscheid-Hollnich: Beseitigung von 75 der insgesamt 150 Bunkerreste (davon 27 nach I und 48 nach II) im Flurbereinigungsverfahren*
- *in der Gemarkung Pronsfeld befinden sich noch 13 Bunkerruinen. Die Planungen der Flurbereinigungsbehörde in Zusammenarbeit mit der Unteren Landespflegebehörde (Kreisverwaltung Bitburg-Prüm) sehen vor, daß nur noch 4 Bunker beseitigt werden. Die restlichen Bunker werden in Bepflanzungsmaßnahmen einbezogen und die jeweiligen Flächen werden in öffentliches Eigentum übertragen.*

Die Zahl der Beseitigungsmaßnahmen ist also offensichtlich rückläufig.

Die Beseitigung der Höckerlinie ist wegen der immensen Kosten einer solchen Maßnahme nicht möglich. Im Verlauf der Flurbereinigungsverfahren wurde die Höckerlinie bepflanzt (im Altkreis Prüm ist sie nur noch an wenigen Stellen, z.B. am Ortsrand von Großkampenberg, sichtbar) und in die Planung des Wegenetzes mit einbezogen (Randbepflanzung).

---

[1] Manfred Groß, op. Cit. , S. 254
[2] Ebenda, S. 255
[3] Manfred Groß, op.cit., S. 286
[4] Zwei Durchführungsverordnungen zum Schutzbereichsgesetz und die "Richtlinien zur Zweiten Verordnung zur Durchführung des Schutzbereichsgesetzes vom 10.11.1939" ermöglichen es, den Grundstückseigentümer zur Duldung der Anlagen zu zwingen. Manfred Groß, op.cit., S. 289 und RGB 1, 1939, S. 2066
[5] Manfred Groß, op.cit., S. 290
[6] Dokumentation zur Explosionskatastrophe. 15. Juli 1949. Hrsg. v. Geschichtsverein "Prümer Land", Arbeitsgemeinschaft Ereignisgeschichte, Prüm-Trier 1984, S. 26
[7] Aufgrund einer Bestandsaufnahme des Landespflegeamtes von 1980 werden auch die einzelnen Bunkeranlagen nach ökologischen Kriterien in 3 Stufen eingeteilt: 1. unbedingt erhaltenswert; 2. erhaltenswert; 3. bedingt erhaltenswert.

Ausgewählte Quellen und Literatur

Der Westwall. Die wehrpolitische Bedeutung (in Bundesarchiv-Militärarchiv - RH 11 III/80)
Denkschrift zur Frage unserer Festungsanlagen. Adolf Hitler. 1.7.1938 (in BAM - RH III/80)
Deutsche Gesandschaft Brüssel. Unterhaltung mit Baron van Zylen über militärische Sicherheitsmaßnahmen Belgiens (in Politisches Archiv des Auswärtigen Amtes. Politische Abteilung II Belgien, Bd. 4)
Neuregelung des Nachschubs an Baustoffen und Ausrüstungen für die Bauanlagen im Westen (in BAM - RH 11 III/815)
Westwallatlas Karte 1:25.000
- Hallschlag (in BAM - Kart 54/5604)
- Bleialf (in BAM - Kart 54/5703)
- Prüm (in BAM - Kart 54/5704)
- Leidenborn (in BAM - Kart 54/5803)
Groß, Manfred, Der Westwall zwischen Niederrhein und Schnee-Eifel. Mit einem einführenden historischen Beitrag von Rainer Pommerin, Köln: 1982

Zeittabelle

Der Westwall im Kontext des Dritten Reiches.

1933

28.01.	Schleicher tritt als Reichskanzler zurück
30.01.	Hitler wird zum Reichskanzler ernannt; Regierungsbildung unter Hitler
01.02.	Auflösung des Reichstages
27.02.	Reichstagsbrand
05.03.	Reichstagswahl (NSDAP 44%)
13.03.	Ernennung Goebbels zum Reichsminister für "Volksaufklärung und Propaganda"
21.03.	Tag von Potsdam
24.03.	Ermächtigungsgesetz
01.04.	Aufruf zum Boykott jüdischer Geschäfte
02.05.	Aufhebung der Gewerkschaften
10.05.	Bücherverbrennung
14.10.	Deutschland tritt aus dem Völkerbund aus und verläßt die Abrüstungskonferenz
12.11.	Reichstagswahl

1934

26.01.	Nichtangriffspakt mit Polen
30.01.	Gesetz über den Neuaufbau des Reiches
17.04.	Note Frankreichs an England wegen Bruch des Versailler-Vertrages durch Deutschland
14.06.	Treffen Hitlers mit Mussolini in Venedig
30.06.	"Röhm-Putsch"
20.07.	SS wird selbständig und Hitler unterstellt
02.08.	Tod Hindenburgs, Vereidigung der Reichswehr auf Hitler
18.09.	UdSSR tritt dem Völkerbund bei
24.10.	Gründung der "Deutschen Arbeitsfront"

1935

01.03.	In Saarbrücken erfolgt um 9.30 Uhr die offizielle Rückkehr des Saargebietes an das Deutsche Reich.
16.03.	Wiedereinführung der allgemeinen Wehrpflicht
18.06.	Deutsch-Britisches Flottenabkommen
15.09.	Verkündung der Nürnberger Rassengesetze

1936

23.02.	**Es ergeht der Befehl zur streng getarnten Erkundung der geplanten deutschen Westbefestigungen im Bereich der entmilitarisierten Zone des Rheinlandes. Offiziere in Zivil erkunden unter größter Geheimhaltung und unter Verwendung ziviler Kraftfahrzeugwagen den künftigen Verlauf der deutschen Westbefestigungen.**
07.03.	Remilitarisierung des Rheinlandes
12.03.	**Es ergeht der Befehl, mit dem Bau von Sperrbefestigungen an den Saarübergängen im Saarland und dem Bau von Befestigungen am Oberrhein zu beginnen.**
29.03.	Reichstagswahl
01.08.	Olympische Spiele in Berlin
09.09.	Verkündung des "Vierjahresplanes"
25.10.	Besuch Mussolinis in Deutschland
25.11.	Antikominternpakt zwischen Deutschland und Japan

1937

1937	**Erste Errichtungen von Befestigungen entlang der französischen Grenze (gegenüber der Maginotlinie)**
09.03.	**Mit der Verkündigung des Gesetzes "über die Sicherung der Reichsgrenzen und über Vergeltungsmaßnahmen" schafft die deutsche Reichsregierung die rechtliche Grundlage für den Bau der Westbefestigungen.**
14.03.	Papst-Enzyklika "Mit brennender Sorge" (gegen NS-Kirchenpolitik)
24.06.	Weisung für Kriegsvorbereitung der Wehrmacht
18.07.	Große Deutsche Kunstausstellung in München, Zweite Ausstellung "Entartete Kunst"
06.11.	Italien tritt dem Antikominternpakt bei.
17.11.	Halifax bei Hitler: Englische Unterstützung friedlicher Revisionspolitik
26.11.	Schacht tritt als Wirtschaftsminister zurück.
11.12.	Italien verläßt den Völkerbund.
Jahresende 1937	**Die Festungsbauer blicken auf insgesamt 430 Bauwerke unterschiedlicher Stärke (Baustärke D = 0,30 m und C = 0,60 m Wand- Deckenstärke) und Zweckbestimmung im Westen zurück. Die Bauwerke verteilen sich zwischen Irrel und der Schweizer Grenze bei Basel.**

1938

05.02.	Hitler wird durch einige Entlassungen Oberbefehlshaber der Wehrmacht.
09.03.	**Hitler genehmigt den Bau von Grenzbefestigungen auch entlang der niederländischen, belgischen und luxemburgischen Grenzen.**
12.03.	Einmarsch deutscher Truppen in Österreich
13.03.	Anschluß Österreichs
28.03.	Treffen zwischen Hitler und Konrad Henlein, Führer der Sudetendeutschen

	Partei (SdP), in Berlin. Sie besprechen die Lage in der Tschechoslowakei und erörtern eine gemeinsame Vorgehensweise.
29.03.	Unter der Leitung von Ribbentrop, Außenminister, findet im auswärtigen Amt eine geheime Konferenz wegen der Sudetenfrage statt. Konrad Henlein wird damit beauftragt, weiter für Unruhe zu sorgen.
07.04.	**Es ergeht der Befehl des OKH In.Fest.[1] zum Bau von Verteidigungsanlagen im Bereich des Niederrheins von Swalmen im Norden bis Ormont in der Eifel (Beginn des Pionierprogramms 38).**
21.04.	Hitler und General Keitel beraten in der Reichskanzlei über die Vorbereitungen eines Überfalls auf die Tschechoslowakei (Unternehmen "Grün").
03.05.	Besuch Hitlers in Rom (Mussolini)
21.05.	Teilmobilmachung der Tschechoslowakei als Reaktion auf Hitlers Drohungen (Wochenendkrise). In den folgenden Tagen dementiert die deutsche Regierung mehrfach Angriffsabsichten auf die Tschechoslowakei.
28.05.	**Hitler berät mit seinen Außenpolitikern Ribbentrop und Neurath sowie mit seinen Militärs (Keitel, Göring, Brauchitsch, Raeder, Beck) über die militärische Lösung der Sudetenfrage. Er befiehlt den "verstärkten und beschleunigten Ausbau der Westbefestigungen" (Beginn des Limesprogramms).**
30.05.	Geheimbefehl Hitlers: "Es ist mein unabänderlicher Entschluß, die Tschechoslowakei in absehbarer Zeit durch eine militärische Aktion zu zerschlagen. Den politisch und militärisch geeigneten Zeitpunkt abzuwarten oder herbeizuführen, ist Sache der politischen Führungen." (Aufmarschplan "Grün").
09.06.	**Dr. Fritz Todt wird von Hitler mit der Bauausführung des Westwalls beauftragt.**
14.06.	**Todt erhält eine Generalvollmacht zur Heranziehung aller benötigten Materialien und Kräfte für das Limesprogramm.**
01.07.	**1. Dienstpflichtverordnung tritt in Kraft. Durch diese Verordnung konnte jeder Deutsche fortan gezwungen werden, für einen bestimmten Zeitraum auf einem ihm vom Staat zugewiesenen Arbeitsplatz Dienst zu leisten. Diese Verordnung galt zunächst nur für staatliche Projekte.**
10.08.	**Hitler bespricht seine militärischen Pläne mit mehreren Generälen. In einer mehrstündigen Rede zeigt er seine Entschlossenheit, die Tschechoslowakei zu zerschlagen. General von Wietersheim vertritt die Auffassung, der Westwall könne nur 3 Wochen standhalten. Hitler antwortet tobend: "Ich sage Ihnen, Herr General, die Stellung wird nicht drei Wochen, sondern drei Jahre gehalten."**
27.08.	**Hitler unternimmt eine geheime, zweitägige Inspektionsreise zu den Westbefestigungen, u.a. in Aachen-Eilendorf.**
12.09.	Der Parteitag in Nürnberg endet mit einem Aufmarsch der Wehrmacht. Hitler befaßt sich in seiner Schlußrede ausführlich mit der Sudetenfrage. Unter Hinweis auf seine Reichstagsrede vom 20.02. wiederholt er seine Drohung, Deutschland werde nicht mehr dulden, daß 3 1/2 Millionen Deutsche in der CSR unterdrückt würden: "Ich bitte die ausländischen Staatsmänner, überzeugt zu sein, daß es sich nicht um eine Phrase handelt". **Sodann droht er mit der seit dem 28. Mai angelaufenen Wehrmachtverstärkung und dem Westwall ("gigantischstes Befestigungswerk aller Zeiten").**
15.09.	Treffen zwischen Hitler und dem britischen Premierminister Chamberlain in Berchtesgaden. Es finden Gespräche über die Sudetenfrage statt.
22.09.	Fortsetzung der Gespräche zwischen Hitler und Chamberlain in Bad Godesberg
29.09.	Münchner Abkommen (Sudetenland)
01.10.	Wehrmacht besetzt Sudetenland.
09.10.	**Hitler verkündet in Saarbrücken, daß die Städte Aachen und Saarbrücken in die Befestigungen einbezogen werden. Anfang 1939 wird somit mit dem Bau weiterer Befestigungslinien bei Aachen und Saarbrücken begonnen.**

10.10. **Hitler besichtigt Anlagen und Arbeiter am Westwall in der Grenzregion zwischen Saarbrücken und Zweibrücken.**
21.10. Führerweisung: Zerschlagung der Rest-Tschechei
06.11. Deutsch-Französische Nichtangriffserklärung
09.11. "Reichskristallnacht"
19.11. **Die Zeitung „NSZ-Rheinfront" veröffentlicht erstmals den Namen Westwall.**

1939

30.01. Hitler gibt vor dem Großdeutschen Reichstag eine zweieinhalbstündige Regierungserklärung ab. Darin rechtfertigt er die Besetzung Österreichs und die "Lösung der Sudetenkrise". Er habe für 10 Millionen Deutsche das Selbstbestimmungsrecht hergestellt.
15.03. Wehrmacht besetzt Rest-Tschechoslowakei
14.05. **Hitler beginnt in Herzogenrath bei Aachen seine Inspektionsreise des Westwalls, die er bis zum 19. Mai an der belgischen und französischen Grenze entlang bis Kehl, in Sichtweite von Straßburg, fortsetzt.**
16.05. **Hitler setzt seine Westwall-Inspektion nach Besichtigungen in der Eifel und im Moseltal im Saarland fort. Gemeinsam mit den Reichs- und Gauleitern läßt er sich von General von Brauchitsch über "den unbezwingbaren Wall von Stahl und Eisen" unterrichten.**
18.05. **Hitler setzt seine Inspektion zwischen Karlsruhe und Kehl fort.**
19.05. **Die Inspektion zwischen Kehl und Lörrach beendet die Westwallfahrt Hitlers. Er dankt nach seiner Rede an die Generäle besonders dem Oberbefehlshaber der Heeresgruppe 2, General von Witzleben, und dem Generalbauinspektor Todt sowie den "Soldaten und Arbeitern der Westfront".**
Tagesbefehl Hitlers nach Abschluß seiner sechstägigen Inspektionsreise durch das Gebiet des deutschen Westwalles:
"Soldaten und Arbeiter der Westfront!
Die Besichtigung des Westwalles hat mich von seiner Unbezwingbarkeit überzeugt. Mit mir dankt das deutsche Volk allen, die durch bedingungslosen Einsatz in kürzester Zeit die Grundlage für Deutschlands Sicherheit in Beton und Stahl geschaffen haben. Mein Dank gebührt außer den Soldaten, Westwallarbeitern und Arbeitsdienstmännern der Grenzbevölkerung, die durch ihre Opferwilligkeit vorbildlichen nationalsozialistischen Gemeinschaftssinn bewiesen hat."
22.05. Deutsch-Italienischer "Stahlpakt"
10.06. **Erfolgreiche Streikaktionen von Westwallarbeitern bei Saarbrücken für die Wiedereinführung gestrichener Vergünstigungen.**
11.06. **Bei einer Massenkundgebung von 10.000 Arbeitern in Trier lobt Fritz Todt den Bau des Westwalls als "große Gemeinschaftsleistung des ganzen deutschen Volkes".**
04.07. **Der ungarische Generalstabschef besucht die Reichshauptstadt und besichtigt in den nächsten Tagen den Westwall zwischen Saarbrücken und Bergzabern.**
29.07. **Hitler trifft erneut zur Besichtigung des Westwalls in Saarbrücken ein.**
02.08. **"Für Arbeit zum Schutze Deutschlands" stiftet Hitler das "Deutsche Schutzwall-Ehrenzeichen" für die Verdienste um die Errichtung des Westwalls.**
23.08. Nichtangriffspakt Deutschland - UdSSR
26.08. Deutsche Mobilmachung
Grenzwachtregimenter und reguläre Truppen besetzen den noch unfertigen Westwall.
01.09. Angriff auf Polen
03.09. Frankreich und England erklären Deutschland den Krieg.

04.09.	**Fritz Todt ordnet auf Weisung Hitlers an, daß „die Organisation Todt als Festungsbau-organisation bestehen bleibt und weiterarbeitet".**
09.09.	An der Westfront, im Saarabschnitt, beginnen französische Truppen mit begrenzten Operationen.
10.09.	**Das Oberkommando der Wehrmacht (OKW) gibt bekannt: "Im Westen haben erstmalig französische Spähtrupps die deutsche Grenze überschritten und sind in Gefechtsberührung mit unseren weit vor dem Westwall befindlichen Vorposten getreten. Der Feind ließ zahlreiche Tote und Gefangene, darunter auch ein Offizier, zurück".**
12.09.	**Der französische General Gamelin läßt einen Westwallbunker im Ehrental bei Saarbrücken erfolglos mit einer 155 mm Haubitze beschießen.**
24.09.-29.09	**Sechs ausländische Journalisten lernen auf einer organisierten Reise die Westbefestigungen kennen und urteilen sehr positiv darüber.**
03.10.	Bis auf 30 Divisionen werden die übrigen deutschen Truppen aus Polen an die Westgrenze verlegt.
06.10.	Friedensangebot Hitlers an den Westen
17.10.	Französische Truppen räumen den größten Teil der von ihnen bisher besetzten Gebiete im Vorfeld der deutschen Westbefestigungen.
18.10.	Zwischen Mosel und Pfälzer Wald ziehen sich französische Truppen von besetzten deutschen Geländestreifen weiter zurück.
19.10.	Im Westen haben die französischen Truppen sämtliche von ihnen seit dem 9. September besetzten deutschen Gebietsteile geräumt. Das OKW meldet, daß damit "der erste Abschnitt der Kampfhandlungen im Westen, hervorgegangen aus der Initiative der Franzosen, als abgeschlossen betrachtet" werden kann.
20.10.	Nach Abschluß der Kämpfe im Grenzgebiet an der Westfront kehrt wieder Ruhe ein.
08.11.	Attentat auf Hitler in München
21.11.	Das OKW gibt bekannt: "Im Westen an einzelnen Stellen der Front geringe Spähtrupptätigkeit und schwaches Artilleriefeuer".
23.11.	**Hitler empfängt einige Persönlichkeiten, die sich um den Ausbau des Westwalls verdient gemacht haben und überreicht ihnen das neugestiftete "Schutzwall-Ehrenzeichen": Fritz Todt, RAD-Führer Hierl u.a.**
24.11.	**Fritz Todt verleiht die ersten zweihundert "Schutzwall-Ehrenzeichen" an Westwallarbeiter**
23.12.	**Der Ausbau des Westwalls wird aufgrund von Materialschwierigkeiten, besonders bei der Beschaffung des Baueisens und der Panzerkuppeln, stark reduziert.**

1940

01.01.	An der Westfront herrscht weitgehend Kampfruhe. Es werden nur vereinzelte Gefechtstätigkeiten von Späh- und Stoßtrupps im Vorfeld von Westwall und Maginotlinie durchgeführt ("Sitzkrieg").
11.01.	Das OKW gibt bekannt: "Im Grenzgebiet südlich Saarbrücken wurde ein feindlicher Vorstoß in Stärke einer Kompanie in sofortigem Gegenstoß abgewiesen. Der Gegner verlor Tote und Gefangene. Bei Grenzüberwachungs- und Aufklärungsflügen an der Westfront kam es zu mehreren Luftkämpfen..."
12.01.	**Das Westwall-Erholungsheim auf der Plassenburg bei Kulmbach wird von Fritz Todt eingeweiht.**
01.03.	Erste operative Weisung Hitlers für die Besetzung Dänemarks und Norwegens (Unternehmen "Weserübung")

03.03.	**Das OKW[2] veröffentlicht einen zusammenfassenden Bericht über das erste Kriegshalbjahr, als dessen militärisches Ergebnis festgestellt wird, daß durch die Zerschlagung Polens "die Absicht des Gegners, Deutschland in einen Zwei-Fronten Krieg zu zwingen, in kürzester Zeit vereitelt" worden sei. Im Westen habe es der Gegner an keiner Stelle gewagt, "auch nur in den Wirkungsbereich des Westwalls vorzustoßen, geschweige ihn anzugreifen".**
09.04.	Deutscher Angriff auf Dänemark und Norwegen
20.04.	**An Hitlers Geburtstag verleiht Fritz Todt das Eiserne Kreuz erstmals an 11 bewährte Westwallarbeiter während eines Frontarbeiterappells in Saarbrücken.**
09.05.	Hitler verläßt Berlin mit dem Zug und fährt Richtung Westen. Sein Ziel ist Bad Münstereifel (Führerhauptquartier "Felsennest"). Von dort leitet er den Beginn des Westfeldzuges.
10.05.	Deutscher Angriff im Westen
22.06.	Deutsch-französischer Waffenstillstand
28.06.	**Die Ausbauarbeiten am Westwall werden abgeschlossen, da er seine "Aufgabe erfüllt" habe. Die gesamte Inneneinrichtung soll entfernt werden. Die Entwaffnung beginnt.**
16.07.	Führerweisung "Unternehmen Seelöwe" (Landung in England)
19.07.	Friedensappell an England
27.09.	Dreimächtepakt (Deutschland-Italien-Japan) wird geschlossen.

1941

06.04.	Angriff auf Griechenland und Jugoslawien
20.05.	Besetzung Kretas durch deutsche Truppen
22.06.	Beginn des Rußlandfeldzuges ("Unternehmen Barbarossa")
12.07.	Unterzeichnung des britisch-sowjetischen Beistandspaktes
14.08.	Unterzeichnung der Atlantik-Charta durch Roosevelt und Churchill
19.09.	Einführung des Judensterns im Reich
08.12.	USA und England erklären Japan den Krieg.
11.12.	Deutschland und Italien erklären USA den Krieg.

1942

12.01.	Erste exakt datierbare Massenvernichtungsaktion durch Gas in Auschwitz-Birkenau
30.06.	Geschwächte deutsche Truppen vor Al Alamain
22.07.	Die Deportierung der im Warschauer Ghetto zusammengedrängten 350.000 Juden in das Vernichtungslager Treblinka beginnt.
19.08.	Angriff auf Stalingrad beginnt.
25.08.	Hitlers Befehl zum Bau des Atlantikwalls

1943

24.01.	Casablanca - Konferenz fordert bedingungslose Kapitulation Deutschlands
31.01.	Deutsche Truppen kapitulieren in Stalingrad.
19.04.-19.05.	Aufstand im Warschauer Ghetto, der in blutigen Kämpfen von SS- und Polizeiverbänden niedergeschlagen wird.
13.05.	Deutsche Truppen kapitulieren in Afrika.
03.09.	Alliierte Landung in Süd-Italien
13.10.	Italien erklärt Deutschland den Krieg.

1944

18.03.	Besetzung Ungarns
06.06.	"D-Day": Alliierte Landung in der Normandie
12.06.	V-1 Beschuß auf London beginnt
19.07.	**Weisung Nr. 58: Befehl des Chefs des OKW betr. Vorbereitungen für die Verteidigung des Reiches.**
20.07.	Attentat Stauffenbergs im Führerhauptquartier "Wolfsschanze" auf Hitler mißlingt.
30.07.	Alliierter Durchbruch in Nordfrankreich
09.08.	**Rüstungsminister Albert Speer regt bei Hitler die "Wiederherstellung der Verteidigungsbereitschaft des Westwalls" an.**
15.08.	Alliierte Landung in Süd-Frankreich
24.08.	**Hitler befiehlt den Ausbau der deutschen Weststellung. (Hitlers Weisung Nr. 61)**
25.08.	Rumänien erklärt Deutschland den Krieg.
01.09.	**Weisung Nr. 63: Es ergeht der Befehl über die Herstellung der Verteidigungsbereitschaft des Westwalls.**
02.09.	**Hitler stellt in einer Weisung fest, daß es der Zustand der eigenen Kräfte nicht zulasse, "schon jetzt eine Linie zu bestimmen, die gehalten werden muß oder sicher gehalten werden kann". Vielmehr komme es darauf an, möglichst viel Zeit "für Aufstellung und Heranführen neuer Verbände und für den Ausbau der West-Stellung zu gewinnen".**
03.09.	Die Engländer nehmen Brüssel ein.
04.09.	**Die Schanzarbeiten am Westwall beginnen.** Antwerpen fällt mit seinem Hafen an britische Truppen.
08.09.	Bulgarien erklärt Deutschland den Krieg. Amerikanische Einheiten erobern Lüttich.
10.09.	**General Brandenberger, Oberbefehlshaber der 7. Armee, fordert für den Westwall ein Stellungssystem von 600-800 m Tiefe, bestehend aus Deckungslöchern und Widerstandsnestern, die mit Gräben zu verbinden sind. Führerweisung Nr. 64 b "Zur Übernahme der deutschen Weststellung einschließlich des Westwalls durch den Oberbefehlshaber West an die Wehrmacht ab 11.09.1944, 0:00 Uhr".** Amerikanische Truppen besetzen Luxemburg.
11.09.	Erstmals erreichen US-Truppen nördlich von Trier deutschen Boden.

11.09. **Es ergeht der Befehl zu »Räumungsmaßnahmen für die Zivilbevölkerung im Westwallbereich«**
Die Stadt Eupen geht verloren.

12.09. **US-Truppen erreichen den südlichen Stadtwald von Aachen.**
Die ersten Westwallbunker gehen verloren.

13.09.-21.09. **Kämpfe um den Westwall in Aachen (erste Aachenschlacht).**

14.09. **Der Oberbefehlshaber West, Generalfeldmarschall von Rundstedt, befiehlt, daß der Westwall "bis zur letzten Patrone" zu halten ist.**

15.09. **Im Raum Aachen entbrennt eine schwere Abwehrschlacht. "Südlich und südöstlich von Aachen gelangen dem Gegner Einbrüche in Vorfeldstellungen des Westwalls", räumt der Bericht des OKW ein. Am Westwall werden 235.000 Mann eingesetzt.**

16.09. Es ergeht ein Befehl von General Jodl: "Im Westen hat der Kampf in breiten Abschnitten auf deutschen Boden übergegriffen. Deutsche Städte und Dörfer sind in das Kampfgeschehen einbezogen. Diese Tatsache muß uns mit fanatischer Entschlossenheit kämpfen lassen und jeden körperlich fähigen Mann im Kampfbereich zu äußerstem Widerstand aufrufen. Jeder Bunker und Unterstand, jede Stadt und jedes Dorf müssen zu einer Festung werden, gegen die der Feind sich den Kopf einrennt oder in der die deutsche Besatzung im Kampfe Mann gegen Mann untergeht. [...]
Irgendwelche Operationen großen Maßstabes kommen für uns nicht mehr in Betracht. Alles, was wir noch tun können, ist, unsere Stellungen zu halten oder zu sterben."

25.09. Hitlers Erlaß zur Aufstellung des "Volkssturms"

28.09. **Reichsleiter Bormann befiehlt allen Gauleitern, für die Schanzarbeiten am Westwall keine Dienstverpflichtungen unter sechs Wochen auszusprechen.**

03.10. Führerbefehl: Räumung des Südbalkans

10.10. **Hitler ordnet die "Wiederaufnahme der Verleihung des Deutschen Schutzwall-Ehrenzeichens" an.**

21.10. Nach einer 19tägigen schweren Schlacht ist der Kampf bei Aachen zu Ende.
Aachen fällt als erste deutsche Großstadt.
Oberst Wilck, Kampfkommandant von Aachen, sendet im letzten Funkspruch u.a. ab: "[...] Funkgerät zur Sprengung vorbereitet. Vorher gilt letzter Gruß in unerschütterlichem Glauben an unser Recht und unseren Sieg unserer geliebten deutschen Heimat. Es lebe der Führer!".

23.10. Der Großdeutsche Rundfunk meldet, daß "der Widerstand in Aachen durch feindliche Übermacht erdrückt worden ist."

03.12. **Amerikanische Truppen brechen bei Saarlautern in das Verteidigungssystem des Westwalls ein.**

05.12. **General Jodl verkündet:**
"Der Westwall ist die am stärksten ausgebaute Abwehrfront des Reiches. Auch da, wo der Westwall noch keine Tiefe besitzt, ist er als Befestigung allen in Frage kommenden natürlichen Stellungen überlegen. Ein Einbruch in den Westwall durch den Feind muß unter allen Umständen verhindert werden. Gelingt dem Feind infolge Fahrlässigkeit oder mangelnder Tatkraft der Führung oder der Truppe ein Einbruch in dieses Befestigungssystem, so bedeutet das ein Verbrechen von nicht abzusehenden Folgen. Der Führer ist entschlossen, in solchen Fällen den Schuldigen unmittelbar zur Verantwortung zu ziehen."

16.12. Beginn der Ardennenoffensive zwischen Monschau und Echternach

18.12. Das OKW gibt bekannt: "Starke deutsche Kräfte sind am 16.12. um 05.30 Uhr in breiter Front aus dem Westwall nach einer kurzen aber gewaltigen Feuervorbereitung zum Angriff angetreten und haben die vordersten amerikanischen Stellungen zwischen dem Hohen Venn und dem Nordteil Luxemburgs im ersten Ansturm überrannt. [...]"

1945

01.01.	Letzter Großeinsatz der deutschen Luftwaffe gegen alliierte Flugplätze in den Niederlanden und Belgien ("Unternehmen Bodenplatte").
30.01.	Letzte Rundfunkansprache Hitlers
31.01.	**1. und 3. amerikanische Armee kommen bis 4,8 km an die Hauptverteidigungsstellung des Westwalls heran und dringen in den nächsten Tagen dort weiter vor.**
04.02.	Die NS-Ordensburg Vogelsang in der Eifel fällt an die Amerikaner.
18.02.	**Die Amerikaner greifen den Westwall im Raum Prüm an und durchbrechen ihn am 19.02. nordwestlich Echternach.**
20.02.	**Die Amerikaner durchbrechen den Orscholzriegel.**
21.02.	**Englische Truppen erobern Goch. Damit ist die letzte große Bastion im Norden der "Siegfriedlinie" gefallen.**
25.02.	In der Südeifel stoßen amerikanische Truppen bis Bitburg vor.
01.03.	Mönchengladbach fällt als zweite westdeutsche Großstadt.
03.03.	Amerikanische Truppen nehmen Trier ein.
03.03.	**Englands Premierminister Winston Churchill besichtigt den Westwall in der Umgebung von Aachen. Er wird begleitet von Feldmarschall Montgomery und General Simpson.**
07.03.	Alliierter Rheinübergang bei Remagen
13.03.	Die amerikanische Offensive im Großraum Trier beginnt.
15.03.-19.03.	**Amerikanische Truppen stoßen von Nordwesten her über Teile des Hunsrücks in das Saarland vor. Der Westwall zwischen Mettlach und dem Rhein wird weiterhin verteidigt. Im Verlauf der amerikanischen Offensive ziehen sich die deutschen Truppen aus der Saarstellung des Westwalles von Norden nach Süden zurück, um nicht von rückwärts angegriffen zu werden. Die Angriffe der 7. amerikanischen Armee zwingen zur Aufgabe des Westwalles im Bereich der Pfalz.**
19.03.	Hitlers "Nero-Befehl" (verbrannte Erde)
22.03.	**Alliierte Truppen durchbrechen den Westwall südlich Annweiler.**
25.03.	Der von den Amerikanern eingesetzte Oberbürgermeister von Aachen, Franz Oppenhoff, wird von einem Werwolfkommando auf Befehl Himmlers in seiner Wohnung erschossen.
12.04.	Tod Roosevelts. Nachfolger wird Vizepräsident Truman.
16.04.	Sowjetische Offensive gegen Berlin
25.04.	Truppen der USA und UdSSR treffen sich an der Elbe bei Torgau.
29.04.	Kapitulation in Italien
30.04.	Selbstmord Hitlers
02.05.	Deutsche Truppen kapitulieren in Berlin.
07.05.	Unterzeichnung der bedingungslosen Kapitulation in Reims
08.05.	Wiederholung der Kapitulation in Berlin - Karlshorst
23.05.	Die Reichsregierung unter Großadmiral Dönitz wird von den Alliierten aufgelöst und verhaftet.
05.06.	Alliierte übernehmen die oberste Regierungsgewalt in Deutschland.
06.12.	**Die Direktive Nr. 22 des Alliierten Kontrollrates regelt die Zerstörung aller deutschen Verteidigungswerke.**

(Ohne Anspruch auf Vollständigkeit)

[1] Oberkommando des Heeres - Inspektion der Festungen
[2] Oberkommando der Wehrmacht

Der Westwall im Pressespiegel

Interessantes und Wissenswertes aus 40 Jahren Zeitgeschichte

Die Beseitigung von Westwallbauten und die Suche nach Alternativen

Als Grundlage für das folgende Kapitel dienten Zeitungsartikel der Jahre 1955-1995, die aus dem Pressearchiv vom Presse- und Informationsamt der Bundesregierung zur Verfügung gestellt wurden. In den Zeitungsberichten der Nachkriegszeit spielte der Westwall eine untergeordnete Rolle. Das Erbe des Dritten Reiches war jedoch immer wieder Gegenstand von Auseinandersetzungen in der Zeitungswelt. Es soll hier keine vollständige Wiedergabe aller Pressenotizen zu dieser Problematik vorgenommen werden. Vielmehr handelt es sich um einen nach unterschiedlichen Gesichtspunkten geordneten Querschnitt durch 40 Jahre Zeitungsgeschichte.

Einschätzung des Westwalls als Problem für Landschaft und Landwirtschaft

Aus Zeitungsartikeln der fünfziger Jahre geht öfters hervor, daß der Westwall die Landschaft verschandelt und weiterhin auch landwirtschaftliche Arbeiten blockiert.

Am ***28.01.1956*** stellt die ***Allgemeine Zeitung - Neuer Mainzer Anzeiger*** fest, daß noch erhaltene Straßensperren und die Höckerlinie im Kreis Saarburg ein kriegerisches Bild in der friedlichen Winterlandschaft bieten würden. Es sei hier der Nachwelt ein grausiges Mahnfeld hinterlassen worden, ähnlich dem französischen Kriegserbe im Bereich von Verdun. Obwohl die frühere Mondlandschaft inzwischen von der Natur überwuchert worden sei (bereits 1939 hätte man die Bunker mit japanischen Pflanzen gegen Fliegersicht getarnt), habe man immer noch ein Schlachtfeld vor Augen. Die Bauern hätten zwischen den Höckern Weizen gepflanzt, und im Frühjahr versteckten die Höcker hinter dem Grün ihre "aggressive Struktur". Weiterhin würden die Weinberge der Winzer nicht selten durch Bunker in zwei Hälften zerschnitten. Jeder der Bunker nehme sieben Ar Rebfläche ein, wodurch dem Winzer jährlich ein Schaden von 1000 Flaschen Wein entstehe.

Am ***18.02.1961*** vertritt die ***Augsburger Allgemeine*** die Ansicht, daß der Westwall nicht nur die Landschaft verschandele, sondern auch wertvolles Ackerland unbrauchbar mache. 11.000 Grundstücke würden durch die Höckerlinie entwertet. Die Arbeit auf Weinbergen werde durch die Betonklötze genauso blockiert wie landwirtschaftliche Arbeiten auf Kohl- und Kartoffeläckern. Außerdem blockiere der Westwall Feldwege. Insgesamt sei der Westwall ein Stück "unüberwältigte Vergangenheit" mit hohen Beseitigungskosten. Weiterhin heißt es, die Beseitigung komme nur sehr schleppend voran. Dafür sei vor allem das sehr zähe und widerstandsfähige Baumaterial verantwortlich, das es zu beseitigen gelte. Doch sei der Westwall nicht vollkommen nutzlos, da die NATO im Bundesland Rheinland-Pfalz unterirdische Kasematten schon seit Jahren als Munitionsdepot nutze.

Die Entschädigungsfrage / Wem gehört der Westwall?

Die SPD-Zeitung ***Vorwärts*** schreibt am ***06.11.1959***, daß die Alliierten den Westwall lediglich gesprengt hätten, jedoch nicht so gründlich, wie sie dachten. Denn die Bunker seien nur für den militärischen Gebrauch unbrauchbar gemacht worden. Die Trümmer wären liegen geblieben - zumeist in den Wiesen und Äckern der Bauern.

Der deutsche Bauernverband habe in diesen Tagen juristische Kniffe herausgegeben, wie man als Landwirt die Beschlagnahmung seines Bodens durch das wieder entstandene Militär vorbeugen könne, schreibt ***Die Welt*** am ***08.08.1955***. Zur Zeit erwarteten tausende Westwallbauern die Regelung ihrer zum Teil seit 16 Jahren fälligen Entschädigung. Die Landesvertreter hätten einem Vorschlag der Bundesregierung zu diesem Thema widersprochen. Dieser beinhalte, daß diejenigen Bauern, deren fragliches Eigentum sich am Stichtag des 1. August 1945 bereits in öffentlicher Hand befunden habe, 10 Prozent Entschädigung erhalten sollten. Wenn dies nicht der Fall gewesen sei, könnten sie eine volle Entschädigung beanspruchen. Der zufällige Stand des Enteignungsverfahrens würde also über die Höhe der Entschädigung bestimmen. Der Bundestag werde diese Frage jetzt zu klären haben. Die ***Frankfurter Allgemeine*** schreibt am ***05.06.1956***, daß die gesetzlichen Voraussetzungen zur Beseitigung der Westwallanlagen fehlten, wodurch Entschädigungsansprüche nicht reguliert werden könnten. In einem vom ***Trierischen Volksfreund*** abgedruckten Interview mit dem Bundestagsabgeordneten Richardts vom ***08.05.1957*** äußert sich dieser zur Entschädigungsfrage wie folgt: "90 Prozent der Geschädigten (in Rheinland-Pfalz) wurden bisher für die Hergabe von Grund und Boden nicht entschädigt, im Gegensatz zu den nördlichen und südlichen Westwallgebieten, in den heutigen Ländern Nordrhein-Westfalen und Baden-Württemberg. Dort wurden die Landwirte bis zu 90 Prozent durch die ehemaligen Festungspionierstäbe betreut und entschädigt." Des weiteren beschreiben die ***Aachener Nachrichten*** am ***12.02. 1958***, welche Schwierigkeiten zu überwinden sind, bevor eine Entschädigung für den durch Westwallbauten blockierten Boden zu erwarten ist. Der Bund habe im entsprechenden Paragraphen des Kriegsfolgengesetzes eine fast unüberwindbare Sicherung eingebaut: Die Umkehrung der Beweislast.

Es müsse also nicht die Bundesregierung beweisen, daß der Antragsteller auf Entschädigung seinerzeit keine Entschädigung erhalten habe, sondern der Antragsteller habe zu beweisen, daß er vom Reich keinen angemessenen Gegenwert erhalten habe. Doch sei es nahezu unmöglich dies nachzuweisen, da die Grundbucheintragung des Grundstücks auf seinen Namen nicht als Beweis gelte.

Ein weiteres Thema war die Klärung der Frage, wessen Eigentum die Westwallanlagen - vor allem diejenigen auf Privatgrundstücken - sind.

Die ***Frankfurter Allgemeine*** stellt am ***14.06.1956*** dar, wie ein Grundstückseigentümer gegen die Bundesregierung klagte. Der Bund sei im Land Rheinland-Pfalz bereits darangegangen, Bunkeranlagen entschrotten zu lassen, um die Metalltrümmer der Bunker zu verwerten. Dazu der Kläger: "Das geht nicht in Ordnung, daß man jetzt wieder die wertvollen Teile von meinem Grundstück nimmt, meine Felder dabei beschädigt und mir den nicht brauchbaren Betonklotz auf dem Acker läßt." Der Bundesgerichtshof habe dazu festgestellt, daß die Bundesrepublik als Nachfolgerin des Dritten Reiches Eigentümer aller Westwallanlagen sei. Folglich könne sie damit machen, was sie wolle, d.h. die Anlagen entschrotten oder völlig beseitigen lassen. Allerdings habe sie dieses Recht nicht, wenn dabei privater Grund und Boden in Mitleidenschaft gezogen werde. Damit - so heißt es weiter - sei dem Kläger das Recht zuerkannt worden, der Bundesregierung die Entschrottung der Bunkeranlagen auf seinem privaten Grund und Boden zu untersagen.

Die ***Allgemeine Zeitung - Neuer Mainzer Anzeiger*** stellt am ***13.06.1961*** fest, daß der Bund zwar der Rechtsnachfolger des ehemaligen Deutschen Reiches sei, die Westwallanlagen aber Eigentum des jeweiligen Grundbesitzers wären. Aus Gründen der Geheimhaltung wären entsprechende Eintragungen nicht in den Grundbüchern vermerkt worden. Daher könne der Bund rein rechtlich jede Entschädigung ablehnen. Doch die Bauern fühlten sich als die Leidtragenden, da sie sich gegen den Bau der Anlagen nicht hätten wehren können. Doch Bonn habe aufgrund der ja sowieso bestehenden moralischen Verpflichtung einer Entschädigung insofern zugestimmt, da es jetzt das entsprechende Land den Bauern abkaufen und den Kaufpreis mit je fünf Prozent jährlich verzinsen wolle. Nach diesem formellen Kauf blieben Land und Anlagen jedoch weiterhin im Besitz der Grundstücksbesitzer. Daß die Betroffenen über diese Regelung nicht begeistert wären, begründe sich darin, daß sie nicht wüßten, was sie mit den Bunkern anfangen sollten.

Beseitigungsversuche der "grauen Schmach" und neue Beseitigungsmethoden

Dem Finanzministerium sei es vorerst noch ein Rätsel, was mit den Höckerreihen und Panzergräben geschehen solle, schreibt die ***Frankfurter Allgemeine*** am ***05.06.1956***. Diese Äußerung weist deutlich auf die Hauptursache hin, warum der Westwall bis heute nicht vollständig beseitigt wurde: es fehlte und fehlt an finanziellen Mitteln. Am ***18.03.1957*** schreibt die ***Rhein-Zeitung, Koblenz***, daß die über 20.000 Bunker des Westwalls auf dem Gebiet der Bundesrepublik nun mit einem Kostenaufwand von 600 Millionen DM beseitigt werden sollten. Ebenfalls im Jahre 1957 stelle die Bundesregierung zum ersten Mal sechs Millionen DM für die Beseitigung von Westwallanlagen zunächst an den wichtigsten Stellen zur Verfügung, läßt sich aus der ***Frankfurter Allgemeinen*** vom ***05.10.*** in Erfahrung bringen. Schätzte man die Kosten für die Gesamtbeseitigung im Jahre 1957 noch auf 600 Millionen DM, so wurde diese Zahl sieben Jahre später korrigiert. Die Kosten einer radikalen Beseitigung aller Westwalltrümmer seien vom Bundesfinanzministerium auf 400 Millionen DM geschätzt worden, informiert der ***Trierische Volksfreund*** vom ***06.02.1964*** den Leser. Die ***Bremer Nachrichten*** stellen am ***17.02. 1962*** fest, daß die Beseitigung einer nicht sehr komplizierten Bunkeranlage zwischen 10.000 und 30.000 DM koste.

Am ***09.10.1979*** resümiert die ***Rheinische Post, Düsseldorf,*** die bisherigen Beseitigungsbemühungen der Bundesregierung. Lediglich ein Drittel der Panzergräben, knapp 70 km Höckerlinie (von 192 km) und keine 6000 von 22.000 Bunkern seien bisher - mit Kosten von 38 Millionen DM - beseitigt worden. Zu dem gleichen Ergebnis kommt auch der ***General-Anzeiger*** am ***06.08.1981***. Weiterhin ist dort zu lesen, daß Sachkenner die verbliebenen Kosten einer vollständigen Beseitigung auf gut eine halbe Milliarde DM schätzten. Die Sachkenner bezweifelten, daß sich für dieses Unternehmen Steuergelder in einer derartigen Größenordnung in den nächsten zwanzig Jahren mobilisieren ließen.

Da eine vollständige Beseitigung der "Siegfriedlinie" aus Kostengründen nicht möglich war, wurden die zu beseitigenden Westwallanlagen von Anfang an nach bestimmten Kriterien ausgewählt. So schreibt schon am ***05.10.1957*** die ***Frankfurter Allgemeine,*** daß es bei der Auswahl der zu beseitigenden Anlagen um die Frage gehe, ob deren Beseitigung wirtschaftlich sinnvoll und notwendig sei. Der Bund spiele mit dem Gedanken, die Überreste der "Siegfriedlinie" stehen zu lassen und den Eigentümern Entschädigungen für die Grundstücke zu zahlen, schreiben die ***Stuttgarter Nachrichten*** am ***26.03.1962. Die Rheinpfalz, Ludwigshafen***, informiert den Leser am ***07.04.1965***, daß Bunker auf Ödland oder geringwertigem Boden nicht mehr beseitigt werden sollten. Viele Bunker würden nur noch mit Erde zugeschüttet, weiß die ***Passauer Neue Presse*** vom ***01.03.1969*** zu berichten. Der Bund werde im Jahre 1970 seine Mittel für die Beseitigung nur noch für Bunker zur Verfügung stellen, bei denen akute Einsturzgefahr bestehe, schreibt ***Die Welt*** vom ***04.12.1969***. Ein Artikel aus der jüngeren Vergangenheit zeigt, daß Westwallbauten neben der Beseitigung aus Sicherheitsgründen heutzutage meist dort entfernt werden, wo sie Bauvorhaben behindern. So schreiben die ***Aachener Nachrichten*** am ***07.01.1994***, daß 50 Meter Höckerlinie Sozialwohnungen und einem Supermarkt weichen sollten.

Die Methoden zur Beseitigung von Westwallanlagen entwickelten sich im Laufe der Jahrzehnte weiter. So sind in Zeitungsartikeln erste, wenig erfolgreiche Beseitigungsversuche bis hin zu modernen, effektiveren Verfahrensweisen dokumentiert.

Am ***03.10.1957*** schreibt die ***Stuttgarter Zeitung*** über die Wirtschaftlichkeit der Altmetallgewinnung aus den Befestigungswerken am Ufer des Oberrheins. Das Altmetall stecke in Form von eisernen Spundwänden bis zu sechs Meter tief im Boden. Jeder Bunker sei von einer solchen Spundwand zwecks einer wasserfreien Tiefgründung umgeben gewesen. Außerdem sei jedes an der Wasserseite gelegene Festungswerk mit einer Unterschießwand (die sog. "Schürze") geschützt gewesen, die das Absacken eines unterhalb der Wasserlinie getroffenen Bunkers in den Fluß verhindern sollte. Für jedes Werk seien etwa 120 der tonnenschweren Spundeisen benötigt worden, und da für Altmetall gute Preise bezahlt würden, stellten die vielen Spundwände längs des ganzen Oberrheins ein Vermögen dar. Jedoch sei es ebenfalls sehr kostenaufwendig, dieses Vermögen an den Tag zu fördern. Das Herausziehen der Spundwände sei mühsamer als es das einstige Einrammen war. Doch obwohl es sich der Staat habe bezahlen lassen, das Ausschlachten der Bunker an Privatunternehmen abzutreten und es außerdem ein sehr zeitraubendes Geschäft sei, müsse es sich trotzdem lohnen.

Am ***13.10.1960*** schildert die ***Frankfurter Allgemeine*** ein Beseitigungsverfahren der Höckerlinie, das sich als rationell erwiesen habe. Durch vier schwache Detonationen würden die Betonbalken, auf deren Kreuzung jeder Höcker stehe, gesprengt. Ein Bagger hebe nun den Höcker an. Doch ehe der "Drachenzahn gezogen" werden könne, werde mit einem Schweißbrenner die Eisenarmierung zertrennt. In der ***Frankfurter Allgemeinen Zeitung*** vom ***05.04.1963*** ist zu lesen, daß die Panzersperren so hartnäckig seien, daß ein Versuch, dieselben mit einer Fallbirne zu beseitigen, gescheitert sei, da diese sofort zerbrach. Ferner könnten nur zwei der mühevoll abgetrennten Betonklötze per LKW abtransportiert werden. Die Höcker würden dann in Steinbrüchen zerkleinert, um später als Baumaterial für Wege eingesetzt werden zu können.

Die Bundesregierung plane, Pioniere der Bundeswehr während ihrer Ausbildung zur Beseitigung von Westwallanlagen einzusetzen, schreibt die ***Frankfurter Allgemeine*** vom ***04.09.1964.***

Zwischenzeitlich bestand die Hoffnung, eine kostengünstigere Möglichkeit der Westwallbeseitigung zu finden. Die neuerfundene Methode wird im ***Trierischen Volksfreund*** vom ***16.03.1966*** der Öffentlichkeit vorgestellt. Ein deutscher Ingenieur, der sich seit Jahren Gedanken um die betonstarrende Vergangenheit an der deutschen Westgrenze mache, habe der Bundesregierung einen Vorschlag vorgelegt. Dieser beinhalte eine angeblich zeit- und kostensparende Methode, genannt "Vibrationssystem". Durch das Vibrationssystem solle der Stahlbeton in seine Kornbestandteile zerkleinert werden. Eine Bunkerwand von vier mal sechs Metern und einer Dicke von 1,20 m solle bis ins Fundament hinein mit 64000 Hz eines Vibrators in kurzer Zeit vollständig in seine Bestandteile zerlegt werden. Die Kraft des Vibrationssystems zerstöre auch die Stahlarmierungen. Die Antwort des Wirtschaftsministerium müsse abgewartet werden. Es bestehe ein kleiner Hoffnungsschimmer, daß diese Methode in Zukunft angewandt werde und die Bundesregierung "nicht nur mit Herz, sondern auch mit Hertz an die Westwallräumung herangeht".

Eine modernes Beseitigungsverfahren der neunziger Jahre wird in den ***Aachener Nachrichten*** vom ***07.01.1994*** beschrieben. Ein Bauunternehmen wolle die Höcker mit dem Sprengstoff Amongelit II zerstören. Die Detonation erfolge mit einer Geschwindigkeit von 7000 Metern pro Sekunde, wobei die Zündköpfe in einer Kettenreaktion zeitlich verzögert explodierten, wodurch die Höcker nicht "in die Luft fliegen", sondern stückweise zertrümmert würden.

Alternativen zur Beseitigung

Der Westwall wird verkauft bzw. verschenkt, Westwallbunker als Wochenendhäuser

Ein gänzlich gegenteiliger Umgang der Bevölkerung mit Westwallbauten im Vergleich mit der zuvor geäußerten Ansicht, der Westwall blockiere landwirtschaftliche Arbeiten, läßt sich aus einem Zeitungsartikel des Jahres 1962 erkennen. Am ***17.02.1962*** schreiben die ***Bremer Nachrichten*** nämlich, daß die betroffene Bevölkerung den Wunsch äußere, Westwallbauten zu kaufen. Doch obwohl die Absicht bestehe, harte D-Mark in Westwallbunker zu investieren, die dann später zu Lagerräumen für Rüben, Kartoffeln und Futtermittel umfunktioniert werden sollten, hätten die Behörden verlauten lassen, daß Westwallbunker vorerst nicht zu verkaufen wären. Die anfängliche Zurückhaltung bezüglich des Verkaufs von Westwallbauten wich im Laufe der Zeit einem völlig anderen Standpunkt, wie die zwei nun folgenden Zeitungsartikel zeigen sollen. Bereits ein Jahr später am ***24.08.1963***, ist in der Zeitung ***Die Welt*** zu lesen, daß Bonn aufgrund der zu hohen Beseitigungskosten Westwallbauten verschenke, für die Sicherheit der Anlagen müsse man jedoch selbst die Verantwortung übernehmen. Des weiteren ließen sich aus den Bunkern mit relativ großem Aufwand mitunter komfortable Wohnräume erstellen, wenn einen meterdicke Betonwände denn nicht stören würden. Die ***Westfälische Rundschau*** schreibt am ***26.07.1969***, daß die Bundesregierung darüber nachdenke, für einen symbolischen Preis von jeweils einer deutschen Mark 15.000 Betonkolosse zu verkaufen, die dann zu komfortablen Wochenendhäusern ausgebaut werden könnten.

Der Westwall wird zum "Refugium für Pflanzen und Tiere"

Die ***Bremer Nachrichten*** schreiben am ***17.02.1962*** über die Nutzbarmachung der Höckerlinie. Diese geschehe durch die Anpflanzung von Gras-, Baum- und Strauchwerk. Ferner pflanze die Forstverwaltung Tannenbäume zwischen die Höckerlinie, die an manchen Stellen auch mit Erdreich überschüttet werde. Die ***Aachener Nachrichten*** schreiben am ***18.02. 1985,*** daß man sich im lokalen Umkreis dafür einsetze, daß der Westwall, speziell die Höckerlinie, als Linienbiotop, als "Refugium für Pflanzen und Tiere", erhalten bleibe. Dr. Michael Richter von der Technischen Hochschule Aachen sei von dem ökologischen Nutzen der Höckerlinie überzeugt und wolle dies nun in einem Praktikum mit Studenten nachweisen und dokumentieren. Nach Meinung des Wissenschaftlers ließen sich mit wenig Aufwand Biotopverbundsysteme entlang der Höckerlinie errichten, in denen sich Hecken mit Wildblumenwiesen, Waldstücken und Wasserstellen abwechseln könnten. Innerhalb eines geringen Zeitraumes würde sich auch eine entsprechende Tierwelt ansiedeln. Doch bei all der Biotopbegeisterung zögere die Stadt Aachen noch, und es fänden erst einzelne Projekte - Biotope anzulegen - statt. Der Wille von Naturschützern, die Höckerlinie unbedingt zu erhalten, findet sich erneut in einem Artikel der ***Aachener Nachrichten*** vom ***23.04.1990*** wieder. "Grün überdeckt Vergangenheit - Wichtiges Refugium für Pflanzen und Tiere" lautet der Titel. Auch der ehemals so stolze Betonwall der Westgrenze unterliege durch die Einwirkungen der Natur, wie z.B. Moosbewuchs, Regen und Frost der Vergänglichkeit. Doch sprieße neben dem Verfall auch neues Leben inmitten von Beton und Stahl. Es fänden Tiere Schutz durch Bunkerwände, sowie Kühe die mannigfaltigen Gewächse abgrasten, die sich zwischen den Betonklötzen befänden. Die alten Gemäuer seien Refugien für Tiere und Pflanzen geworden. Amphibien wie Kröten, Salamander und Molche wie auch Fledermäuse hätten ihren Lebensraum nach Angaben von Wissenschaftlern in den Resten des Westwalls. Genauso "ergriff auch die Flora Besitz von den Ruinen", wie z.B. Moose, Flechten, Kleinfarne, Mauerraute und Streifenfarne. Nach Ansicht von Fachleuten komme der Höckerlinie eine größere Bedeutung zu als den Bunkern. Ohne die schädliche Einwirkung von Düngemitteln und Giften, die eine landwirtschaftliche Nutzung des entsprechenden Gebietes zur Folge hätte, habe ein "umfangreiches Kontrastprogramm Wurzeln geschlagen". Angaben von Experten zur Folge besiedelten "etwa fünf bis zehn Kleintierarten Kräuter, Gräser und Blütenpflanzen; auf Bäumen und Sträuchern lebten 70 bis 100 Arten mehr." Deshalb werde eingefordert, die Höckerlinie unbedingt stehen zu lassen. Den ökologischen Wert des Westwalls und die Entwicklung, wie es dazu gekommen ist, stellt ebenfalls ein Artikel der ***Aachener Nachrichten*** vom ***23.01.1993*** dar. Sturm und Regen hätten Laub und Erde in das Bauwerk getragen, Bäume hätten sich angesiedelt durch deren Laubabwurf sich Humusschichten gebildet hätten. Tiere wären durch den Pflanzenbewuchs hinzugekommen, Insekten wie auch Vögel und Säugetiere besiedelten nun die Höckerlinie, in der sie Schutz und Nahrung suchten. Die ehemalige Panzerabwehranlage gehöre mittlerweile zu "unseren bedeutendsten Biotopen", was auch der Reichtum an Tieren zeige: Rebhuhn, Fasan, Rotkehlchen, Sumpfrohrsänger, Zaunkönig aber auch Hase, Kaninchen und Igel bewohnten die Höckerlinie genauso wie die Bergeidechse, Ringelnatter, Wiesel, etc. Viele Bewohner der Höckerlinie seien vom Aussterben bedroht, auch das "Ersatzbiotop aus dem Zweiten Weltkrieg" helfe manchen Tierarten auf Dauer nicht.

Westwallbauten unter Denkmalschutz

"Westwall unter Denkmalschutz?", so betitelt die ***Hannoversche Allgemeine Zeitung*** ihren Artikel vom ***20.06.1966.*** Der Bundestagsabgeordnete Jost (CDU) habe resigniert und ironisch die Frage gestellt, ob die alten Bunker des Westwalls nicht mehr beseitigt würden und ähnlich alten Burgen und Ruinen eines Tages unter Denkmalschutz kommen sollten? Zu diesem Zeitpunkt hielt man es also noch für absolut unmöglich, Westwallbauten, also Kriegsrelikte aus der jüngeren Vergangenheit, unter Denkmalschutz zu stellen. Doch daß einzelnen Anlagen des Westwalls später tatsächlich dieses Schicksal zuteil wurde, zeigt ein Artikel der ***Rheinischen Post, Düsseldorf,*** 13 Jahre später, am ***09.10.1979***. Es ist zu lesen, daß einzelne Westwallbauten unter Denkmalschutz gestellt werden sollten, da der Westwall ein "Symbol für die politische Lage in Mitteleuropa vor 40 Jahren, eine Landwehranlage des 20. Jahrhunderts und Anti-Kriegs-Denkmal" sei. Im Aachener Stadtgebiet wäre als erstes solches Bauwerk ein Teilstück eines Beton-Bollwerks in die Denkmalliste aufgenommen worden. Erneut wird betont, daß nur vereinzelt ein solcher Vorgang stattfinden könne, da zum einen viele Bunker u.a. die Landwirtschaft behinderten, und zum anderen Bauten des Westwalls überall das gleiche Aussehen hätten. Die Aufnahme von Westwallbauten in die Denkmalliste blieb kein Einzelfall, wie ein Zeitungsartikel aus der jüngeren Vergangenheit zeigt: die ***Aachener Nachrichten*** schreiben am ***26.11.1992***, daß Denkmalschützer in der Eifelstadt Heimbach einen Westwallbunker - gegen den Willen des Bundesvermögensamtes, das denselben sprengen wollte - unter Denkmalschutz gestellt hätten. Begründet würde die Unterschutzstellung - die auch bei weiteren 18 Bunkern im Umkreis in Betracht gezogen werde - mit "wissenschaftlichen und militärgeschichtlichen" Gründen. Die Westwallbunker seien Denkmäler aus der unmittelbaren Vergangenheit. Ferner zeuge der Westwall "von der Kunst, Befestigungsanlagen zu bauen." Eine Begründung für die Unterschutzstellung von Westwallanlagen liefern die ***Aachener Nachrichten*** am ***23.04.1990***. Es ist zu lesen, daß "der Westwall neue Verteidiger gefunden" habe. Der zuständige Landesbaudirektor wird zitiert: "Geschichte läßt sich nicht bewältigen, indem man ihre Zeugnisse tilgt. Der Westwall provoziert zur Auseinandersetzung ebenso wie z.B. das El-De-Haus, das ehemalige Gestapo-Gefängnis in Köln. Auch die Burgen des Mittelalters muß man als Objekte der Unterdrückung sehen. Man muß verstehen, was hinter der romantischen Fassade steht".

Kurioses und Wissenswertes

Touristen besichtigen den Westwall

28.02.1956: Die Allgemeine Zeitung - Neuer Mainzer Anzeiger stellt fest, daß die Franzosen ihr Kriegserbe bei Verdun dem Fremdenverkehr zur Besichtigung übergeben hätten. Diese Absicht habe man am Westwall wohl kaum. Ein Jahr später, am ***05.10.1957***, ist in der ***Frankfurter Allgemeinen*** zu lesen, daß man auf seinem Weg entlang der Westgrenze der Bundesrepublik "den einst so kriegsumwitterten Westwall von einer fast romantischen Seite" erleben könne. Ausländische Touristen betrachteten bereits die alten, mit Moos überwachsenen Anlagen der ehemaligen "Siegfriedlinie" als ein geschichtliches Zeugnis. Am ***13.02.1964*** schreibt der ***Trierische Volksfreund*** über den Besuch ausländischer Touristen am Westwall. Die Touristen betrachteten in zunehmendem Maße den Westwall als geschichtliche Attraktion. Für sie sei derselbe ein fast schon romantisches Zeugnis der zu Beton, Stahl und Eisen gewordenen militärischen wie politischen Auseinandersetzung zwischen Deutschland und Frankreich.

"Energiespender für den Westwall - Friedliche Zukunft für Elektrogenerator"

...lautet ein Titel der ***Aachener Nachrichten*** vom ***04.08.1995***. Es ist zu lesen, daß ein alter Elektrogenerator, der ehemals noch die Elektrizität zum Bau von Westwallbunkern geliefert habe, nun einem Bergwerksverein übergeben worden sei, wo er zu Schauzwecken wieder in Gang gesetzt werden solle.

Pressenotiz aus dem Tagesspiegel, Berlin, vom 16.05.1970:

Westwall unter Polizeischutz

Holländischer Künstler will „Siegfriedlinie" bunt bemalen
Oberkreisdirektor fürchtet um den „Genuß der Landschaft"

Von unserem Korrespondenten

Monschau, im Mai

Die Höckerlinie des „Westwalls" steht unter Polizeischutz. Im Auftrage des Oberkreisdirektors des Grenzlandkreises Monschau, Georg Stieler, schützen die Polizisten die Betonzähne der „Siegfriedlinie", die vor 32 Jahren unter dem NS-Regime zur Abwehr von Panzerangriffen an der deutschen Westgrenze in die Erde gegossen wurden, gegen Angriffe mit Pinsel und Farbe. Der holländische Künstler Felix van de Beek will mit Hilfe aller Farben des Regenbogens das „Souvenir des Krieges in ein Denkmal des Friedens umfunktionieren". An der Grenze haben das Vorhaben des Künstlers und das Verbot des Oberkreisdirektors in diesen Tagen einen heftigen Meinungskrieg ausgelöst.

Stieler ist zwar nicht der Eigentümer der traurigen Hinterlassenschaft. Das ist der Bund als Rechtsnachfolger des Reiches. Aber Stieler ist in seinem Landkreis „untere Naturschutzbehörde". Auf die Gesetze zum Schutz der Landschaft stützt Stieler denn auch sein Verbot, das er mit den Worten begründet: „Der ungetrübte Genuß der Landschaft muß gewährleistet sein."

In dem Eifelort Lammersdorf, wo van de Beek mit seinem Pinselkrieg begann, meinen dagegen die Einwohner: „Die grauen Betonbrocken stören doch erst recht die Landschaft!" Der Lammersdorfer Bürgermeister Mertens hat sich sogar „schon überlegt, ob ich nicht auch zum Pinsel greifen und mithelfen soll". Die Gastwirte in der Nähe der Betonlinie wittern die große Chance: „Dann hätten wir endlich eine Attraktion, die die Touristen anlockt."

Oberkreisdirektor Stieler hält dem entgegen: „Wo kommen wir denn hin, wenn jeder einfach drauflospinselt? Was würden wohl die Holländer sagen, wenn ein deutscher Künstler die Dünen am holländischen Meeresstrand mit Farbpulver einfärben wollte?" Stieler möchte die Betonzähne am liebsten unsichtbar machen: „Wir haben zum Bepflanzen in diesem Jahr allein 80 000 DM bereitgestellt."

Auch Ministerialdirigent Breull im Bonner Finanzministerium, von dem das Westwall-Erbe verwaltet wird, hält nichts von der „Land-Art" van de Beeks: „Umfunktionieren kann man die Betonklötze nur, indem man sie beseitigt." Im Rahmen eines Sieben-Jahre-Programms hat die Bundesregierung 14,2 Millionen DM bereitgestellt, die allerdings in der Hauptsache zur Beseitigung alter Westwallbunker verwendet werden. Höcker werden nur dann gesprengt, wenn sie einer Siedlung oder der Flurbereinigung im Wege stehen. Die Höckerlinie ist heute noch über 100 Kilometer lang. Nach Breulls Ansicht wird es noch Jahrzehnte dauern, bis alle Spuren dieser Befestigungsanlagen verschwunden sind. Auf den Zahn der Zeit kann man dabei nicht hoffen, denn „die Dinger" sind ausgesprochen stabil gebaut.

Dennoch hält Breull nichts davon, dem martialischen Bauwerk durch Anstrich mit freundlichen Pop-Farben seine Tristesse zu nehmen, obgleich dadurch das Bauwerk nur optisch hervorgehoben und jedem in die Augen stechen würde: „Man würde erst recht wieder an den Krieg erinnert."

Zu diesem Punkt ist an der Grenze allerdings auch eine gegenteilige Meinung zu hören. Wenn es schon aus finanziellen Gründen nicht möglich sei, diese Hindernisse für die Pflüge und die weidenden Kühe zu beseitigen, solle man sie wenigstens als Erinnerung an eine Zeit, die niemals wiederkehren darf, bewußt herrichten, meint ein Bauer in Lammersdorf.

Der Maler van de Beek und seine Ehefrau Leni haben inzwischen zusammen mit dem vierjährigen Sohn Lars und der neunjährigen Tochter Esther die ersten 20 Höcker bemalt — bevor die Polizei anrückte. Jetzt hofft der Holländer, mit Hilfe der Einwohner der umliegenden Dörfer die Behörden doch noch zu einer Revision ihrer Entscheidung bewegen zu können. Die Farbe, Geschenk einer holländischen Firma, steht bereit. „Jeder, der Lust hat", und vor allem Schulklassen sollen mitpinseln. Inzwischen zeigte sich auch Oberkreisdirektor Stieler gesprächsbereit: „Über die Bemalung einzelner Stücke an besonders ausgesuchten Stellen kann man ja reden ..."

Horst Zimmermann

Zusammenfassung

Wie sich im Wandel der Zeit Meinungen und Ansichten verändern oder sogar umkehren können, wird durch die Auseinandersetzung mit dem Westwall in der Pressewelt deutlich.

Jahrzehnte nach Beendigung des Zweiten Weltkrieges ging es zunächst um die strikte und vollständige Beseitigung der Befestigungslinie. Die Kosten und der Aufwand eines solchen Vorhabens wurden jedoch von Anfang an unterschätzt. Nachdem sich mit der Zeit die wahren Ausmaße gezeigt hatten, mußte der Plan einer vollständigen Beseitigung des Westwalls aufgegeben werden. Nach kostengünstigeren und effizienteren Beseitigungsmethoden wurde zwar gesucht, aber aus Geldmangel kamen diverse Alternativen ins Gespräch: z.B. wurden einzelne Westwallbauten zu Lagerstätten umfunktioniert oder Bunker zum Verkauf angeboten, um daraus Wochenendhäuser zu errichten. Auch die ökologische Bedeutung der "Siegfriedlinie" rückte im Verlauf der Jahrzehnte immer mehr in den Vordergrund. Schließlich kam auch der Gedanke auf, einzelne Westwallanlagen unter Denkmalschutz zu stellen.

Pressenotiz aus Die Rheinpfalz, Ludwigshafen, vom 07.04.1965:

Westwall bleibt „Stein des Anstoßes"

Nur 200 000 Mark Bundesmittel für Beseitigung der Kampfanlagen

lrs. Mainz. Einige tausend Bunker und Panzerhindernisse des ehemaligen Westwalls bereiten der rheinland-pfälzischen Landesregierung schwere Sorgen. Finanzminister Fritz Glahn teilte mit, daß der Bund als Eigentümer dieser „Erbstücke des Zweiten Weltkrieges" in seinem Haushalt 1965 nur eine Million Mark zur Beseitigung von Kampfanlagen bereitgestellt habe, von denen nur 200 000 Mark auf Rheinland-Pfalz entfielen. Er habe daher das Bundesfinanz- und das Bundesschatzministerium gebeten, weitere Mittel für diesen Zweck zur Verfügung zu stellen.

Am Ende des Zweiten Weltkrieges waren in Rheinland-Pfalz über 10 000 Westwallbunker, 73 Kilometer Höckerlinien und 36 Kilometer Panzergräben vorhanden. Mit Hilfe von 11,9 Millionen Mark Bundesmitteln konnten von 1957 bis 1964 davon 893 Bunker, 67 größere Kampfanlagen geschleift und 20 Kilometer Höckerlinien eingeebnet werden.

Wenn der Bund nunmehr die Ansicht vertrete, betonte Glahn, die Kosten für die Beseitigung von Bunkern, die sich auf Ödland oder geringwertigen Böden befinden, stünden in keinem Verhältnis zu dem zu erwartenden Nutzen, so müßten allein schon im Interesse der deutsch-französischen Zusammenarbeit diese „Kriegsandenken" beseitigt werden. Zumindest sollten nach Ansicht von Glahn alle die Bunker verschwinden, die einer planmäßigen Erschließung, der Aufstellung ordnungsgemäßer Bebauungspläne, dem Straßenbau oder der wirtschaftlichen Entwicklung eines Gebietes im Wege stehen. Nur mit der Bereitstellung erheblich umfangreicher Mittel könnte die Beseitigung der Bunker im dringend erforderlichen Ausmaß fortgesetzt werden.

60 Jahre nach Baubeginn:

Der Westwall heute

Die Entdeckungen der Spurensuche in Nordrhein-Westfalen, Rheinland-Pfalz und im Saarland sind auf den folgenden Seiten mit 178 Farbfotos dokumentiert. Sie werden unter folgenden Themenschwerpunkten dargestellt:

Themenschwerpunkte:

Bunker und Kampfwagenhindernisse

Im Adolfosee in Hückelhoven-Ratheim befinden sich zwei MG-Unterstände.

Aussicht aus dem Bunkerinnern auf den Adolfosee

Innenaufnahmen aus dem Bunker

Ehemaliger Bereitschaftsraum

Ausgang des Kampfraumes

Gesprengter Bunker bei Aachen-Orsbach

Bild unten: MG-Unterstand in der Nähe von Herzogenrath-Hofstadt

Der größte Teil der Bunker wurde nach dem Krieg gesprengt und zugeschüttet. Bei genauem Betrachten des Bildes verrät der "Maulwurfshügel" den Standort des ehemaligen Bunkers. Die Aufnahme wurde in Aachen-Vaalserquartier gemacht.

Erhaltene Bunkeranlage im Aachener Wald. Der Bunkerhof mit dem Eingangsbereich ist gut erkennbar.

MG-Scharte mit Sehschlitz. Diese Bunkerruine befindet sich am Ortseingang von Monschau und diente als Straßensicherung.

Trümmer eines Bunkers auf dem Friedhofsgelände in Herzogenrath-Merkstein

Pak-Stand am Sportplatz Spichern in Frankreich.
Eingang links, in der Mitte die Eingangsverteidigung und das Tor für die Panzerabwehrkanone.

Reste eines Bunkers in der Nähe des Aachener Klinikums. Das Innere des Bunkers dient Fledermäusen als Unterschlupf.

Die Betondecke hat sich bei der Sprengung senkrecht gestellt. Fotografiert in Ammeldingen a.d. Our.

Erhaltene und begehbare Bunkeranlage in Ammeldingen a.d. Our

Bunkerhof mit nachgebauter Panzertür und Eingangsverteidigung

Gefunden in der Nähe von Roth a.d. Our bei Vianden: Das Dach des Schuppens stützt sich auf die Bunkerdecke. Gut zu erkennen ist links neben dem Baumstamm die Schießscharte.

Rast und Ruhe an einer Bunkerruine in Wahlerscheid.

Freigelegte Bunkerruine bei Ormont

MG-Schartenstand im Wohngebiet von Körprich/ Saar

Standort: Galgenberg bei Echternacherbrück. Im Hintergrund ist die luxemburgische Stadt Echternach zu erkennen.

Bild oben:
Ehemaliger Laufgraben zwischen zwei Bunkeranlagen bei Minden

Bunkertrümmer beeinträchtigen auch heute noch den Weinanbau. Gefunden in Igel bei Trier.

Der Bunker 132 im unwegsamen Waldgelände des Buhlert-Hürtgenwald. Es handelt sich um einen Gruppenunterstand mit angehängtem Kampfraum. Der Bunker stammt aus dem LIMES-Bauprogramm 1938. Er bot 15 Soldaten Platz. In der Mitte ist deutlich der Schartenstand zur Sicherung der beiden Eingänge zu erkennen. Der Bunker wurde am 5. Februar 1945 von den Amerikanern eingenommen.

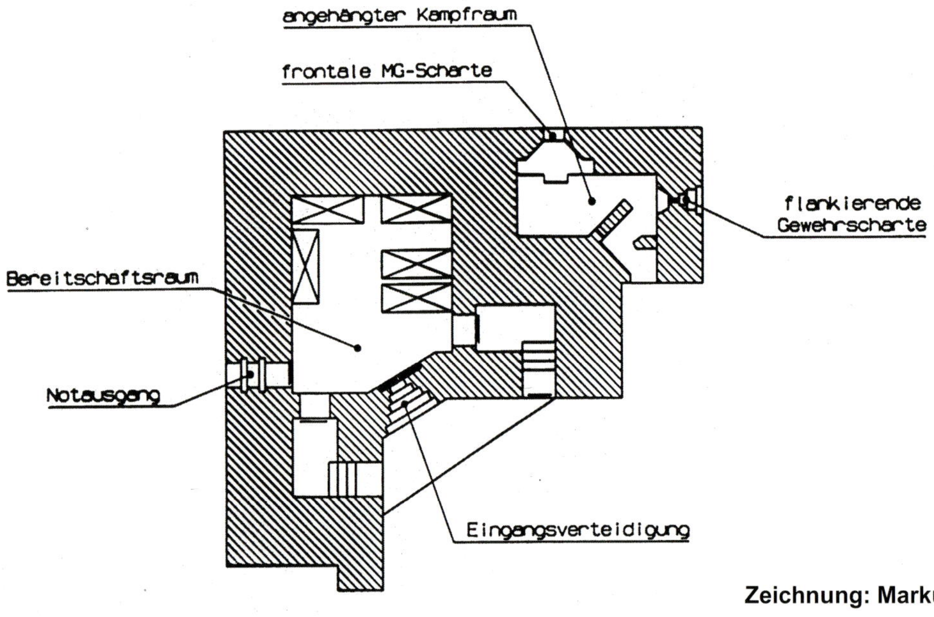

Zeichnung: Markus Jahn

Grundriß des Bunkers 132.

Doppelgruppenunterstand im Hürtgenwald (Bunker 139/140). Der 8,80 m x 16,10 m große Bunker mit angehängtem Kampfraum hatte zwei Bereitschaftsräume mit 12 und 15 Pritschen. Rechts im Bild ist der Eingang zum Kampfraum zu sehen.

Einer der beiden Eingänge des obigen Bunkers 139/140

Flankierende Gewehrscharte des Kampfraumes

Innen- und Außenansicht eines Kampfraumes.
Vor der Schießscharte konnte ein schweres MG installiert werden.

Bild oben:
Außenansicht einer Mauerscharte

Die Bunker verfügten über ein Nachrichtensystem. Zu sehen sind die durchtrennten Drähte des Festungskabelnetzes.

Doppel-MG-Schartenstand mit Kleinstglocke, Typ B_1 7a, aus dem Pionierprogramm 1937/38 am Ufer der Saar bei Besseringen

Sechsschartenkuppeln: In Dillingen an der Saar sind noch einige Sechsschartenkuppeln erhalten. In den Kuppeln konnten zwei MG-34 gleichzeitig eingesetzt werden. Um sich beim Schießen nicht gegenseitig zu behindern, mußte zwischen den beiden MG's eine Scharte geschlossen bleiben.

Einschüsse in eine Panzerkuppel bei Dillingen

Bild unten:
Panzerkuppel in einem Wohnbaugebiet bei Dillingen.

Ringstand in Wassenberg-Birgelen. Ringstände sind eine italienische Erfindung. Sie wurden in den Wüstengebieten Nordafrikas, u.a. in Tobruk, gebaut. Die bewährte Bauform wurde von den Deutschen übernommen und beim Atlantikwall erstmals verwendet. Ringstände zählten zu den feldmäßigen Kleinstkampfanlagen und hatten in der Regel nur eine Wandstärke von 0,40 m Stahlbeton. Die nach oben offenen Anlagen versenkte man bodengleich. Es gab sechs verschiedene Bauformen beim Westwall, u.a. Stände für MG und Granatwerfer. Über drei Stufen gelangte man aus dem Kampfraum in den tiefergelegenen Unterschlupf. In der Seitenwand des Unterschlupfes befand sich eine Türöffnung. Durch sie konnte man in einen Laufgraben gelangen. Im Unterschlupfraum war ein Ofen installiert. Insgesamt wurden 1244 Ringstände gebaut.

Notausgänge

Die Mehrzahl der Bunker verfügte über Notausgänge. Diese befanden sich auf der feindabgekehrten Seite. Bei den Notausgängen handelte es sich um Schächte/ Röhren, die zuerst waagerecht und dann senkrecht nach oben verliefen. Sie waren zur Sicherung gegen Handgranaten und Sprengladungen mit Kies/Sand gefüllt, welcher im Notfall von den Insassen in das Innere des Bunkers geschaufelt werden mußte. Zum Aufstieg dienten in den Beton eingelassene Trittstege.

Notausgangsröhre eines Bunkers im Hürtgenwald-Buhlert. Auf diesem Bild ist die noch voll funktionsfähige Notausgangsröhre mit Eisensprossen deutlich zu erkennen. Die Tiefe des Rohres beträgt ungefähr 4 m.

Blick in einen noch erhaltenen Notausgang. Hier ist der waagrechte Eingangsschacht zum links gezeigten Notausgang zu sehen.

Die unteren Aufnahmen stammen aus einem Bunker in Roetgen.

Inschriften

Links: "Kein Licht bei offener Tür und Scharte"

Mitte: "Achte bei Gasalarm auf Abdichten der Türen und Schartenplatte mit Paste. Räumen und Absperren des Ofens. Bedienung des Lüfters und der Überdruckventile"

Rechts: "Rauchentwicklung bei Tage vermeiden. Feststellschrauben anziehen"

Lüftungsstutzen

Die Abbildung rechts zeigt eine gasdichte Blechtür für Innenräume. Die Gasdichtigkeit wurde durch eine Gummidichtung (am Fuß noch gut zu erkennen) sichergestellt. Das Türblatt ist einteilig. Im oberen Bereich befindet sich ein Guckloch, in dem ursprünglich splittersicheres Glas eingearbeitet war.

Innenraum eines MG-Schartenstandes mit Schartenplatte in Körprich. Links neben der Schartenöffnung befindet sich ein Sehschlitz (von 1 cm Höhe und 15 cm Breite auf der Innenseite). Vor der Schartenöffnung steht ein eiserner Untersatzkasten, auf dem die MG-Lafette befestigt wurde.

In Hontheim bei Prüm befinden sich noch die Überreste des ehemaligen Eingangstors zum Reichsarbeitsdienstlager Hontheim. Es wurde im Jahr 1937 im Zuge der Westwallbauarbeiten errichtet. Heute weiden Kühe auf dem Gelände.

Gedenktafel in der Kapelle

Beim Westwallbau wurde die Schneeifel (Höhenrücken nordwestlich von Prüm) mit vielen Bunkern und sonstigen strategischen Anlagen bestückt. Im Verlauf der Ardennenoffensive im Winter 1944-1945 gab es schwere und verlustreiche Kämpfe. Am Waldrand oberhalb von Hontheim gibt eine Kapelle Zeugnis von der Not während dieser Kriegshandlungen. In einem Stollen in der Nähe der Kapelle hatten die Einwohner von Hontheim und Sellerich Schutz gesucht und tagelang unter schwierigsten Bedingungen in unmittelbarer Nähe der Kämpfe ausgeharrt.

Die einzige Informationstafel in der Eifel über den Westwall befindet sich in Großkampenberg:

Großkampenberg, Kreis Bitburg-Prüm, 525 m über NN
Gedenktafel zur Erinnerung an den Bau des Westwalls und an den Weltkrieg von 1939-1945

In den Jahren 1938 und 1939 wurde entlang der deutschen Westgrenze eine umfassende Verteidungsanlage, der Westwall, errichtet. Die Höckerlinie, die Teil dieses Walls war, diente zur Abwehr der feindlichen Panzer. Sie wurde entlang der Westgrenze vor der Bunkerlinie angelegt. Großkampenberg, das vor dem Westwall lag, blieb bis Dezember 1944 von Kampfhandlungen verschont.
Als am 11. September 1944 amerikanische Truppenverbände Großkampenberg besetzten, geriet der Ort unter Beschuß der deutschen Artillerie. Auf Befehl der amerikanischen Armee wurden daraufhin die Bewohner nach Belgien evakuiert.
Am frühen Morgen des 16.12.1944 stießen deutsche Truppen im Rahmen der Rundstedt-Offensive von Kesfeld nach Großkampenberg vor. Nach hartnäckigem Widerstand der Amerikaner gelang es ihnen am 17.12. den Ortsteil Berg zu besetzen und dann weiter nach Belgien vorzudringen. Ende Dezember 1944 kehrten die geflüchteten Dorfbewohner wieder zurück. Sie fanden ihre Häuser zerstört und ausgebrannt vor.
Nach dem Scheitern der Rundstedt-Offensive lag die Region Ende Januar erneut im Kampfgebiet, sodaß die Bevölkerung nochmals evakuiert werden mußte.
Mitte Februar 1945 wurde Großkampenberg von amerikanischen Truppen erobert, die dann durch den Westwall ins Innere Deutschlands vordrangen.

In Irrel, nahe der deutsch-luxemburgischen Grenze, befinden sich die Panzerwerke "Katzenkopf" und "Nimsberg". Sie wurden zwischen 1937 und 1939 zur Sicherung des Hauptverkehrsweges Köln-Luxemburg errichtet.
Das "Panzerwerk Katzenkopf" ist das nördlichste und heute einzige zu besichtigende Panzerwerk von insgesamt 32 Werken der Baustärke "B" (d.h. bis zu zwei Meter dicke Betonaußenwände) des ehemaligen Westwalls.
In den drei begehbaren Geschossen wurde ein Museum eingerichtet. Anhand von Bildmaterialien und Waffenexponaten wird über die Geschichte des Westwalls im allgemeinen sowie über die Geschichte des Panzerwerkes "Katzenkopf" berichtet.
Zwei Sechs-Scharten-Panzerkuppeln mit je zwei sMG-34 dienten neben einem Festungsflammenwerfer und Maschinengranatwerfer der Rundumverteidigung. Ein Artillerie- und ein Infanteriebeobachtungsturm waren desweiteren zur Rundumbeobachtung und Leitung des Feuers vorhanden.
Die oberen Geschosse umfaßten insgesamt 45 Räume in unterschiedlichen Größen. In dem unteren Geschoß befinden sich zwei große Stollen mit einer Gesamtlänge von 138 Metern. Ursprünglich war ein durchgehender Verbindungsgang vom Werk "Katzenkopf" zum ca. 1000 m nordwestlich gelegenen Nimsbunker geplant. Zur eigenen Wasserversorgung wurde am Ende des größeren Hohlganges eine Brunnenkammer installiert. Der Brunnenschacht hat eine Gesamttiefe von 120 m. Als Besonderheit dieses Werkes ist noch zu erwähnen, daß eine Verbindung zu dem 150 m tiefer, genau unter dem B-Werk verlaufenden Irreler Eisenbahntunnel vorgesehen war. So hätte man das B-Werk unbemerkt vom Hinterland aus versorgen können. Die Planungsarbeiten dazu waren abgeschlossen und ein Raum zur Aufnahme des Aufzuges war bereits ausgebaut. Französische Truppen zerstörten 1947 das obere Geschoß. Das Werk wurde anschließend zugeschüttet. Auf den heute sichtbaren Betontrümmern wurde eine Gedenkstätte für die über 4000 Gefallenen und Vermißten des Füsilier-Regiments 39 aus Düsseldorf errichtet.

Das Museum ist geöffnet von April bis einschließlich September, sonn- und feiertags von 14.00 bis 17.00 Uhr. Wochentags ist für Gruppen ab 15 Personen eine Besichtigung mit Voranmeldung möglich. Die Innentemperatur beträgt 10° C. Auskünfte erteilt die Verbandsgemeindeverwaltung Irrel.

Panzerwerk Katzenkopf
Einst Werkzeug des Krieges,
heute Mahnung zum Frieden.

Die Höckerlinie war an bestimmten Stellen durchlässig. Die Durchgänge konnten in Krisensituationen durch diverse Torvorrichtungen geschlossen werden.

Die beiden Fotos oben zeigen Überreste einer Torvorrichtung am Grenzübergang Köpfchen in Aachen.

Im Vaalserquartier bei Aachen ist noch ein Torscharnier erhalten.

In Lammersdorf bei Simmerath befindet sich die einzige noch erhaltene und funktionsfähige Schrankensperre in der Eifel.

Die Halterung für den Schlagbaum

Nahezu alle Torvorrichtungen wurden nach dem Krieg demontiert.
Rechts: Überreste einer abgetrennten Schrankensperre

Unten:
Reste einer Sperrvorrichtung in Herzogenrath-Klinkheide: Betonhöcker mit zwei Seilösen.

Rechts:
Rückseite eines "gelochten Drachenzahns". Durch diese Löcher konnten Stahlstreben eingeschoben werden. Solche Höcker befinden sich hinter Torvorrichtungen.

Auch Flußläufe wurden befestigt.
Fotografiert in der Nähe von Roetgen.

Bild links:
In diesem Fall wurde die Höckerlinie dem Flußlauf angepaßt. Man erkennt eine leichte Biegung.

In der Nordeifel wird die Höckerlinie desöfteren von Bächen durchkreuzt. Handelte es sich um kleinere Gewässer, wurden die hier abgebildeten Hindernisse gebaut. Fotografiert bei Lammersdorf, nördlich von Monschau.

Bachlauf bei Lammersdorf

Museumsbunker

Im Saarland gibt es eine Vielzahl von erhaltenen Bunkeranlagen. Geschichts- und Festungsinteressierte haben einzelne Kampfanlagen vom Bundesvermögensamt erworben und sie aus Dokumentationszwecken originalgetreu restauriert.

Bunkeranlage mit Dreischartenkuppel aus dem Pionierbauprogramm 1937 in Blieskastel

MG-Kampfraum des Museumsbunkers 316 der Interfest e.V. in Saarbrücken-Brebach. Die Anlage kann besichtigt werden. Auskünfte erteilt Herr Fuhrmeister, Tel.: 06842/53305.

Blick in die Panzerkuppel mit Schartenöffnung. Im Vordergrund ist die Schartenlafette 34 für das Maschinengewehr.

Dreischartenkuppel aus dem Aachen-Saar-Programm von 1939 bei Griesborn

Nördlich von Aachen: Ein Stausee als Kampfwagenhindernis

Beginn der Panzermauer am Wachtelkopf in Aachen. Am oberen Ende der Mauer sind Stacheldrahthalterungen einbetoniert. Sie sind heute noch sichtbar. Damit sollte dem Gegner das Erklimmen der Mauer erschwert werden.
An dieser Stelle sollte ursprünglich ein Betonhöckerhindernis Typ 1939 errichtet werden, was die Beseitigung von Häusern und Gärten der Anwohner zur Folge gehabt hätte. Die Verantwortlichen gingen jedoch auf das Gesuch der Anwohner ein und entschieden sich anstelle der Höckerlinie für ein solches Hindernis.

Panzermauer westlich von Aachen am Rande der Eisenbahnstrecke Aachen-Lüttich. Die Stacheldrahthalterungen wurden zwischenzeitlich demontiert.

Bild links:
Behelfsmäßiger Artilleriebeobachter auf den Spicherer Höhen in Frankreich. Die Beobachtung des Gegners erfolgte mit Hilfe eines Scherenfernrohres.

Bild rechts: Mit Hilfe von Stacheldrahthalterungen, die in das Betonhöckerhindernis Typ 1939 mit einbetoniert wurden, konnte ein durchgängiges Infanteriehindernis errichtet werden. In einigen Fällen sind die Halterungen mit ihren Einkerbungen noch sichtbar.

Der Zahn der Zeit nagt an der Panzermauer am Wachtelkopf bei Aachen: Eine ins "Nichts" führende Treppe.

Zwischen Geilenkirchen und Frelenberg befinden sich noch die Betonfundamente einer in Zick-Zack-Linien angelegten, zweireihigen Panzersperre aus doppelten U-Eisen-Profilen. Die U-Eisen-Profile sind heute nicht mehr vorhanden.

Bild oben:
Ein U-Eisen-Profil ist heute noch in der näheren Umgebung unter neuer Nutzung zu finden.

Im Aachener Stadtwald befinden sich an mehreren Stellen Ansammlungen von Betonpfeilern. Es handelt sich dabei um Fundamente von Beobachtungstürmen. Der Aufbau bestand entweder aus Holz- oder Metallkonstruktionen.

Bild rechts: Erhaltener Unterstand für eine Grabenstellung auf den Spicherer Höhen. Der Innenraum hat eine Grundfläche von 6 Quadratmeter und war für die Unterbringung von 6 Soldaten vorgesehen. Die Anlage ist entsprechend ihrer Zweckbestimmung voll versenkt und in ein Grabensystem integriert, wobei der Graben jeweils an die seitlichen Zugänge angeschlossen ist und so gewissermaßen durch den Unterstand hindurchführt.

Blick in den Unterstellraum für ein Panzerabwehrgeschütz vom Kaliber 3,7 cm. Der Raum konnte mit Hilfe eines zweiflügeligen Panzertores verschlossen werden. Im Verteidigungsfall wurde das Geschütz von der Bedienung in eine vorbereitete offene Feuerstellung gezogen.

Höckerhindernis bei Aachen-Eilendorf, Typ 1938

Bild links:
Betonhöckerhindernis Typ 1939 des ehemaligen Orscholzriegels nahe Tettingen, Saarland

Bild links: Das Kalvarienkreuz in Prüm
In einem Bunker auf dem Kalvarienberg lagerten im Jahre 1949 etwa 600 Tonnen Munition und Dynamit. Mit Hilfe der Sprengmittel sollten Anlagen des Westwalls beseitigt werden. Am 15. Juli 1949 kam es aus ungeklärter Ursache zur Explosion des Bunkers. Etwa ein Viertel der Stadt Prüm wurde zerstört. Die Wucht der Explosion riß einen 200 m breiten und 50 m tiefen Graben auf. Unter der Bevölkerung forderte die Katastrophe 14 Todesopfer, 150 Menschen wurden verletzt, und 700 wurden obdachlos. Der Explosionskrater ist heute noch sichtbar.
Zur Erinnerung an diese Katastrophe wurde ein über 8 m hohes Granitkreuz errichtet. Der Fuß des Kreuzes trägt die Aufschrift:

Diene der Versöhnung und dem Frieden -
Zur Erinnerung an die Explosionskatastrophe
am 15. Juli 1949 - A.D. 1979.

Um eine gesprengte Bunkeranlage auf der Gemarkung Eschfeld wurde eine Kreuzwegstation errichtet, in deren Mittelpunkt die Decke der Kampfanlage als Mahnmal steht.

Pflanzen und Tiere besiedeln den Wall

Rückeroberung durch Efeu

Pionierpflanzen an der Panzermauer am Wachtelkopf bei Aachen

Verlorengegangener Höcker, Vaalserquartier bei Aachen

Vergessene Stacheldrahthalterung bei Udenbreth.

Immer wiederkehrende "Bewohner" der Höckerlinie

Der Westwall ist heute ein wichtiges Biotop. In der Höckerlinie finden eine Vielzahl von Vögeln, kleine Säugetiere, Insekten und Kleinstlebewesen Lebensraum. Das Bild zeigt einen Fasanenhahn.

In wenigen Jahren ist die Höckerlinie in Herzogenrath-Kohlscheid nicht mehr zu sehen. Im Laufe der Jahrzehnte wurde die Linie durch die ständig wachsende Humusschicht verschlungen. Vielleicht finden sie Archäologen in ferner Zukunft und rätseln über ihre Bedeutung.

Scheinbar endlose Höckerlinie bei Herzogenrath-Kohlscheid

Bild unten: Neues Leben entsteht aus Ruinen.

Ehemaliger Panzergraben bei Heinsberg-Himmerich. Er dient heute Anglern zur Freizeitbeschäftigung.

Ein Großteil der gesprengten Bunker dient heute vielen Vogelarten als Brutplatz.
Die Aufnahme zeigt das Nest eines Zaunkönigs.

In Schmithof bei Aachen verschwindet die Höckerlinie unter einer Efeudecke.

Von der Natur fast aufgesogene Bunkeranlage

Bild links und unten:
Noch sichtbar: Ein Kampfwagenhindernis zwischen Geilenkirchen und Frelenberg

Innenaufnahmen einer Bunkerruine am Losheimer Graben

Freigespülte Höckerlinie bei Aachen-Eilendorf, Gut England

Gesprengte und zugeschüttete Bunker als ökologische Inseln bei Udenbreth

Bild oben: Stacheldraht als Präventivmaßnahme! Damit die weidenden Kühe und Schafe nicht von der Bunkerruine stürzen, wurde hier Stacheldraht befestigt. Aufgenommen südlich von Udenbreth.

Stahl und Beton mit neuen Aufgaben

Ehemalige Stacheldrahthalterungen werden auch heute noch gerne von Landwirten genutzt.

Bild links: Dieses "gepanzerte" Dach eines Schuppens auf dem Galgenberg bei Echternach besteht aus einer Vielzahl ehemaliger Blechtüren aus den umliegenden Bunkerruinen.

In Mesenich benutzt ein Landwirt die ehemaligen Stacheldrahthalterungen für seinen Schuppen.

In Aachen-Wachtelkopf benutzt ein Anwohner die einstigen Stacheldrahthaltungen für sein Geländer. Deutlich sind die Einkerbungen zu erkennen.

Bild oben:
Ursprünglich wurden die losen Höcker bei Torvorrichtungen verwendet. Im Ernstfall wurden sie in den Zwischenraum plaziert. So sollte es einem Gegner erschwert werden, die Durchgänge leicht ausfindig zu machen. Diese "Drachenzähne" dienen als Beschwernis für ein landwirtschaftliches Gerät. Entdeckt in der Nähe von Lammersdorf.

Malobjekt Sechsschartenkuppel. Aus dem ehemaligen Schußfeld wurde ein Kinderspielplatz. Fotografiert in Dillingen.

Bild oben: Im Schutz alter Bunkerreste gedeihen Reben. Entdeckt in der Nähe von Wasserbillig an der Sauer.
Bild links: Hochstand auf einer noch sichtbaren Bunkerdecke in Minden bei Echternacherbrück

In Aachen-Haaren werden diese Bunkertrümmer als Standort für einen Bienenstock genutzt.

Im Aachener Wald befindet sich einer der wenigen erhaltenen Westwallbunker. Das Forstamt Aachen weist mit Hilfe eines Schildes auf die heutigen Bewohner hin: *Die Reste dieses Westwallbunkers sind leer und dienen heute den Fledermäusen als Unterschlupf. Forstamt Aachen.*

In Udenbreth wurde eine Bunkerruine zum Schafstall umfunktioniert.

Informationstafel am Losheimer Landgraben

Verblüffende Entdeckungen

Entdeckung in Aachen-Richterich: Zwischen den Höckern befindet sich das Depot einer Wildfutteranlage.

Bilder unten:
Neueste Technik am Westwall: Auch zum Montieren von Satellitenschüsseln sind die Höcker geeignet! Entdeckt am Grenzübergang Köpfchen bei Aachen.

Pfiffige Idee! Dieser Unterstellplatz wurde südlich von Simmerath gefunden.

Bild links:
Ein Landwirt benutzt bei Aachen-Laurensberg einen schwer beschädigten Bunker als Stauraum für seine in der Landwirtschaft genutzten Planen.

Bedauerliches Zeitzeichen: Westwall als Mülldeponie, nördlich von Imgenbroich

Die Zwischenräume der einzelnen Höcker dienen Anwohnern in Aachen-Eilendorf und Aachen-Köpfchen als Nutzgarten.

Obstwiese in der Höckerlinie bei Tettingen

"Rasenmäherhindernisparcour" bei Hollerath, südlich von Hellenthal

Abstellplatz Höckerlinie. Aufnahmen aus Hollerath und Großkampenberg.

"Westwallterrasse" nördlich von Monschau

Ein umgebauter Westwallbunker in Monschau dient heute als Garage.

Überbauter Bunker:
Auf einem Sanitätsunterstand in Simonskall im Hürtgenwald wurde nach dem Krieg ein Haus errichtet. Der 11,95 m x 18,40 m große Bunker hat 13 Räume. In ihm hatten bis zu 30 Verwundete und drei Personen vom Sanitätspersonal Platz.

Eine Kuriosität besonderer Art in der Eifel: Der Eigentümer hat seinen Bungalow auf die noch vorhandene Höckerlinie (Typ 1939) gebaut.

Bild unten:
Rechts und links des Hauses (hier ist die Garage zu erkennen) treten die Höcker wieder ans Tageslicht.

Die Zwischenräume einzelner Höcker dienen auch als Brennholzlager.

Innenaufnahmen aus dem Keller

Westwallwanderweg:
Der 3 km lange Wanderweg beginnt bei Bickerath und endet bei Simmerath. Er verläuft auf der Mauerkrone der fünfreihigen Höckerlinie.

Der Wanderer trifft auf mehrere "Drehtüren".

Rückblick auf den ungewöhnlichen Wanderpfad

Vereinzelt laden Bänke zur Rast ein.

Ende des Wanderweges

Aufwendige und langwierige Beseitigung

Die Beseitigung des Westwalls ist ausgesprochen aufwendig, kostspielig und langwierig. Die folgenden Fotos wurden im Januar 1994 in Aachen-Oberforstbach gemacht. Für die Beseitigung von 50 m Höckerlinie benötigte eine Spezialfirma drei Wochen.

Deutlich ist hier ein Sprengloch zu erkennen. In jeden Höcker müssen mehrere Löcher gebohrt werden, die dann mit dem Sprengstoff Amongelit II gefüllt werden. Die einzelnen Sprengfüllungen explodieren zeitlich verzögert, so daß die Höcker nicht "in die Luft fliegen", sondern stückweise zertrümmert werden.

Verpackte Bunkeranlage in Monschau-Alzen. Der Bunker wurde von Munitionsresten gesäubert. Nach Abschluß der aufwendigen Arbeiten soll er zu einer neuen Heimat für Fledermäuse werden.

Vorbereitete Sprenglöcher:
Sie wurden zum Schutz vorübergehend mit Papier verschlossen.

Höckerlinie bei Aachen-Imgenbroich kurz vor der Beseitigung. Die Höckerlinie mußte einem Industriepark weichen.

Raupenbohrgerät, Typ Atlas Copco 512, einer Stolberger Sprengfirma. Die Maschine wird zum Bohren von Sprenglöchern verwendet.

Beseitigungsarbeiten in Konzen bei Monschau im Frühjahr 1997. Die Fundamente der einzelnen Höcker wurden mit großem Aufwand freigelegt und später beseitigt.

Ökologische Betrachtung der Höckerlinie (Susanne Schützinger)

Ergebnisse einer Untersuchung

I. Einleitung

In den vorangegangenen Kapiteln ist die Geschichte des Westwalls und die heutige „Nutzung" durch den Menschen beschrieben worden. Fast 60 Jahre nach dem Erbau stellt der Panzersperrengürtel nunmehr für Pflanzen und Tiere einen wichtigen Lebensraum dar, dessen ökologische Bedeutung im Rahmen einer Projektarbeit untersucht wurde.
Die Intention dieser Arbeit wird durch ein Zitat von RICHTER belegt:

"Der zweifelhafte Ruhm, der den Geschütz - und Bunkeranlagen sowie dem Panzersperrengürtel des Westwalls als Bollwerk aus der Nationalsozialistischen Zeit anhaftet, weicht allmählich der unbefangeneren Betrachtungsweise einer Generation, die wachsende Ansprüche an die Rückgewinnung naturnaher Standorte in einer ausgeräumten Kulturlandschaft stellt. "

Die Untersuchungen im Rahmen der Projektarbeit beziehen sich in erster Linie auf die Ökologie der Vegetation, da diese die vorhandenen Umweltfaktoren in ihrer Gesamtwirkung wiedergibt. Zu den untersuchten Wachstumsbedingungen zählen klimatische Faktoren (Temperaturverlauf, Minimum- und Maximumtemperaturen, Windwirkung u.a.) sowie bodenkundliche Faktoren (pH- Wert, Wasserhaushalt, u.a.).

Anhand von Klima und Vegetation lassen sich Rückschlüsse ziehen auf die tierökologische Funktion eines Lebensraumes. So kann z. B. eine windberuhigte Zone für zartgeflügelte Insekten von Vorteil sein, spezielle Straucharten können die Nahrungsgrundlage für bestimmte Vogelarten bilden.

II. Der untersuchte Abschnitt

Beispielhaft für die gesamte Höckerlinie wurde ein Abschnitt im Bereich der nördlichen Eifel (Monschau bis Lammersdorf; 7 km) und der Vennfußfläche (Relais Königsberg bis Oberforstbach; 6 km) untersucht.

Verteilt auf die 13 km lange Strecke wurden insgesamt 25 Punkte ausgewählt, an denen die Untersuchungen zu Boden, Klima und Vegetation stattfanden.
Die untenstehende Abbildung zeigt den Bauplan der Panzersperren im Querschnitt und in der Draufsicht. Die Fundamente sind 80 cm tief in der Erde verankert.

III. Boden und Mikroklima in der Höckerlinie

Der Boden innerhalb der Fundamente entspricht nach pH-Wert und Bodentyp dem des Umlandes. Der pH-Wert gibt an, ob es sich um saure Böden (niedrige Werte) oder alkalische Böden (hohe Werte) handelt; ein Wert von 7 entspricht dem neu-

Bauplan der Höckerlinie im Querschnitt und Draufsicht.
Zeichnung: S. Schützinger / M. Jahn

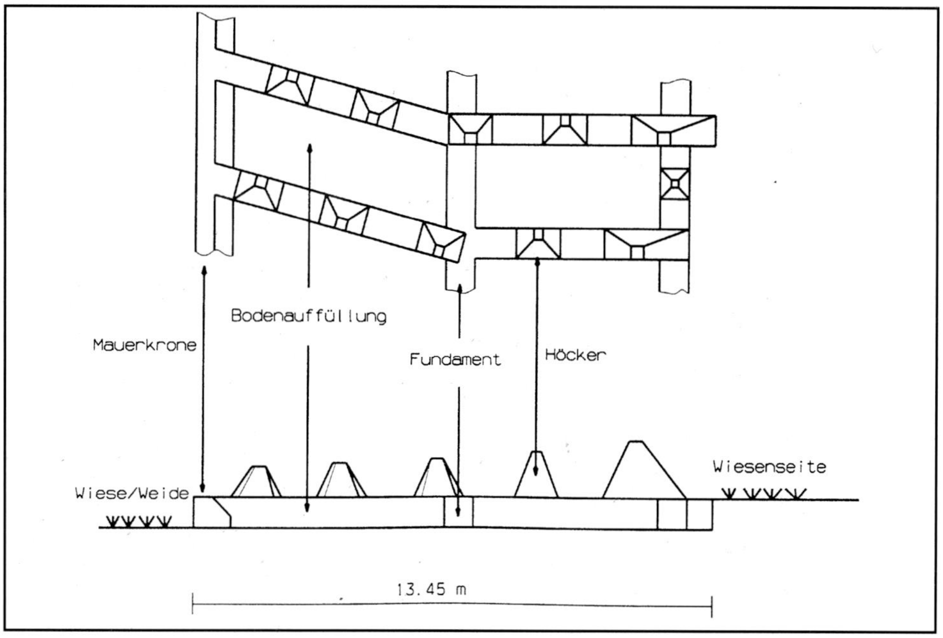

tralen Bereich. Bei den Böden innerhalb der Höckerlinie handelt es sich um saure bis sehr saure Braunerden (pH-Wert: 5,6 bis 3,8), die im Untergrund einen lehmigen Horizont aufweisen; dieser bedingt vielfach Staunässe im Oberboden, die tiefen Fundamente stellen zusätzlich ein seitliches Abflusshindernis dar. Aufgrund dieser feuchten Bedingungen wird das anfallende organische Material (Laub, Gras, Äste ect.) nur sehr langsam abgebaut und zersetzt, so daß ein torfähnlicher Humus entsteht mit bis zu 50% organischer Substanz. Zur Mauerkrone hin nimmt der Bodenwassergehalt ab, hier herrschen trockenere und nährstoffärmere Bedingungen als an der Wiesenseite.
Das Mikroklima der Höckerlinie wurde mittels Luft- und Bodentemperaturmessungen sowie durch Verdunstungsmessungen in der Zeit von April bis Juni 1996 erfasst.

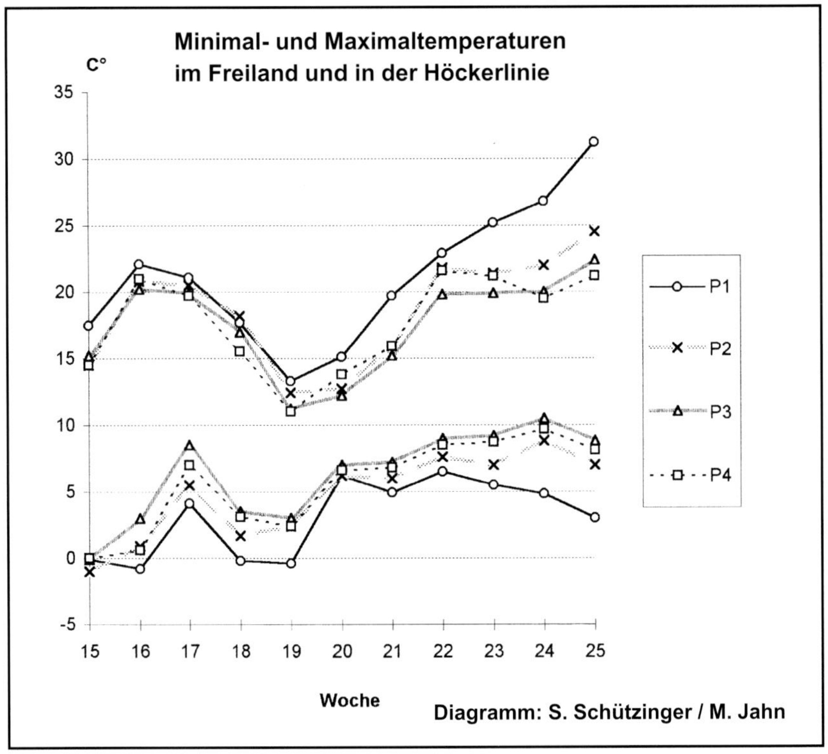

Diagramm: S. Schützinger / M. Jahn

Die folgende Abbildung zeigt die Lage der Meßpunkte der Minimum - und Maximumtemperaturen an einem Standort mit Strauchbewuchs

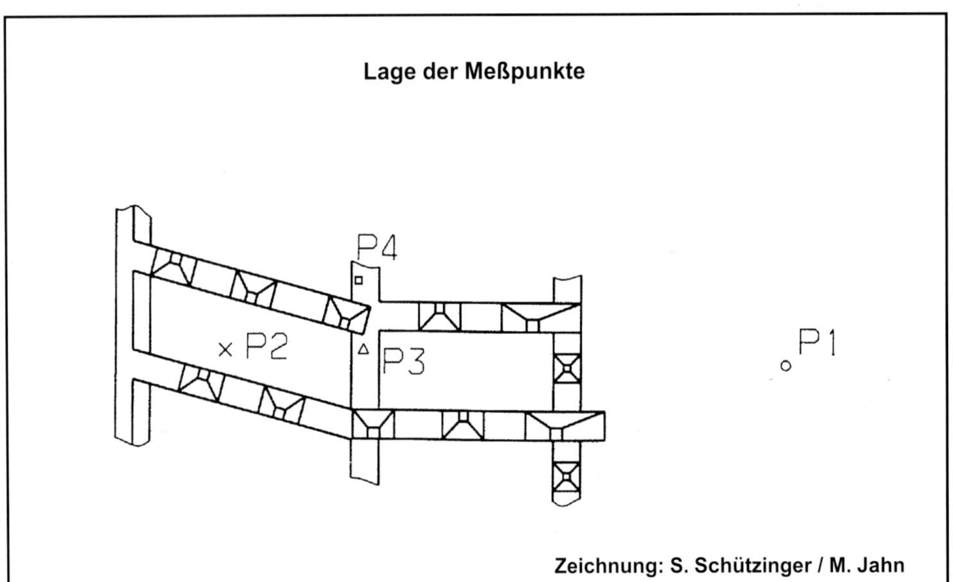

Zeichnung: S. Schützinger / M. Jahn

(Meßpunkte 2,3,4) im Vergleich zum Umland (Meßpunkt 1).
In den Abschnitten mit Gehölzbestand nähern sich die klimatischen Bedingungen dem eines Waldes, das heißt die Temperaturspitzen verlaufen ausgeglichener als im Freiland, der Windeinfluß ist geringer. Sehr deutlich wird dies bei einer Messung im Spätfrühling, bei der außerhalb des Bewuchses Frost von - 4° C gemessen wurde, während innerhalb der Höckerlinie die tiefste Temperatur bei + 0,75° C lag. Der Schutz vor Spät- und Frühfrösten ist im Frühjahr und im Herbst von Bedeutung, da so die Vegetationszeit, d.h. die Wachstumszeit der Pflanzendecke, verlängert wird.
Doch auch die Betonhöcker tragen zur Erwärmung des unmittelbaren Umfeldes bei, da sie sich bei Sonneneinstrahlung aufheizen und die Wärme verzögert wieder abgeben. Ende Februar war der Schnee an der Südseite der Höcker bis 15 cm Entfernung weggetaut, es kamen bereits Triebe von Hahnenfuß, Brennessel und Giersch zum Vorschein, während das Umland von 20 cm Schnee bedeckt war.

IV. Vegetationsökologie

Die Untersuchung der Vegetation in der Höckerlinie erfolgt getrennt nach den Hauptvegetationseinheiten:
- *Bewuchs mit Laubbäumen (48%)*
- *Strauchbewuchs (24%)*
- *Weide, z.T. mit Einzelblumen- oder Sträuchern (23%)*
- *Feuchte oder vernässte Flächen, z. T. mit stehendem Gewässer (5%)*

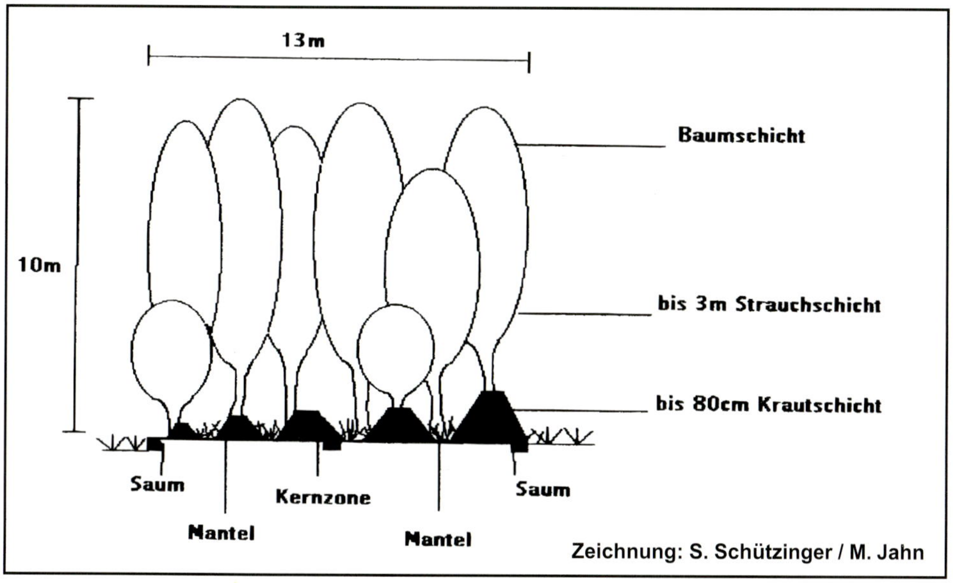

Die horizontalen und vertikalen Strukturen eines Heckenabschnittes

A) Baumbestand

Die mit Bäumen bestandenen Abschnitte werden aufgrund ihrer langgestreckten Anordnung als Baumhecke bezeichnet. Die Hauptbaumarten sind Pappel (Hybriden) und Schwarzerle, dazu kommen Traubenkirsche, Eberesche und Bergahorn. An den Längsseiten sind Sträucher (Roter und Schwarzer Holunder, Weißdorn, Felsenbirne) angesiedelt, so daß im Querschnitt ein typischer Heckenaufbau mit der Abfolge Saum-Mantel-Kern-Mantel-Saum zu erkennen ist, in der Horizontalen eine Gliederung in Kraut-Strauch- und Baumschicht entsteht. Die obige Abbildung verdeutlicht diese Strukturen.

Im zentralen Bereich, in dem bezüglich Klima und Beleuchtung waldähnliche Bedingungen herrschen, sind in der Krautschicht bereits einige typische Waldpflanzen zu finden wie Zeigergras, Große Sternmiere, oder Waldziest. In den Bereichen mit mehr Lichteinfall zeigen Pflanzen der Waldlichtungsfluren (Weidenröschen, Fuchsgreiskraut) den Übergang von der Wiesen- zur Waldvegetation an. Durch die Düngung der umliegenden Wiesen herrscht an der Wiesenseite ein hoher Nährstoffgehalt, der durch Arten wie Brennessel, Giersch und Wiesenbärenklau angezeigt wird.
Südlich von Simmerath sind in der Höckerlinie vier geschützte Pflanzenarten angesiedelt. Das Gefleckte Knabenkraut, die Waldhyazinthe, die Breitblättrige Sitter und das Kleine Wintergrün stehen in der Roten Liste der gefährdeten Arten.

Das Kleine Wintergrün (Pyrola minor), hat kugelige Blüten zu einer Traube angeordnet.

B) Strauchbewuchs

Die Abschnitte mit Strauchbewuchs setzen sich vor allem aus Weißdorn, Hundsrose, Schlehe und Brombeere zusammen. Die letztgenannten Sträucher können sich bis zu 0,5 m im Jahr ausbreiten, so daß das Gehölz teilweise in die angrenzenden Wiesen eingedrungen ist.
Die Gebüschabschnitte weisen verschiedene Sukzessionsstadien auf, das heißt vom Einzelstrauch über lichtes Gebüsch bis zum dichten Strauchbewuchs (teilweise schon mit

Die Weiße Waldhyazinthe (Platanthera bifolia), eine Orchideenart mit stark duftenden Blüten

einzelnen Bäumen) liegen die natürlichen Entwicklungsstadien von der Wiese zum Wald hin vor.

C) Wiesenabschnitte

Die Wiesenabschnitte der Höckerlinie sind größtenteils in die Weidenutzung miteinbezogen, nur ein kleiner Teil bleibt ungenutzt als Brachland. Besonders in diesen Bereichen ist eine höhere Artenvielfalt an Blütenpflanzen als im Umland zu beobachten. Arten wie Glockenblume, Wiesenflockenblume, Wiesenwitwenblume und Kantenhartheu sind in den angrenzenden Wiesen kaum zu finden. Die beschriebene Abnahme von Bodenwasser und Nährstoffen von der Wiesenseite zur Mauerkrone wird durch die Verteilung von Zeigerpflanzen verdeutlicht; Habichtskraut, Schafschwingel und Kleines Hartheu weisen als Zeigerpflanzen auf relativ trockene und nährstoffarme Bedingungen im Bereich der Mauerkrone hin. An der Wiesenseite sind dagegen Arten wie Löwenzahn, Kriechender Hahnenfuß und Weidelgras angesiedelt, die auf feuchteren und nährstoffreicheren Boden angewiesen sind.

Braune Segge

Die Vegetation entwickelt sich ungestört zu einer „Wildnis", hier mit Rispensegge, Wurmfarn und Waldengelwurz.

D) Feuchtgebiete

Westlich von Simmerath fließen kleine Bäche und Wiesendrainagen durch die Höckerlinie, so daß innerhalb der Fundamente kleine Tümpel aufgestaut werden oder Naßwiesen entstehen. Da diese Abschnitte vollkommen ungenutzt bleiben, entwickelt sich hier eine besonders üppige Vegetation. Typische Pflanzen der Feuchtgebiete wie Kuckuckslichtnelke, Braune Segge, Wiesenschachtelhalm, Sumpfvergißmeinnicht und Sumpfdotterblume treten hier auf.

Zwischen den Fundamenten staut sich das Wasser zu kleinen Tümpeln.

V. Tierökologie

Die tierökologische Bedeutung der Höckerlinie liegt vor allem darin, daß es sich größtenteils um ungenutzte Flächen handelt. Diese stellen innerhalb der Agrar- und Kulturlandschaft einen wichtigen Rückzugsraum für verschiedene Tierarten dar.
Besonders die als Heckenbiotope beschriebenen Abschnitte erfüllen eine Vielzahl von Funktionen für die Tierwelt; im folgenden sind die wichtigsten genannt:

Nahrungsquelle:
Hecken bieten über einen langen Zeitraum des Jahres ein breites pflanzliches Nahrungsangebot von den ersten Frühjahrsblühern (Busch-

windröschen, Weiden) bis zu den Früchten im Herbst (Schlehe, Wolliger Schneeball, Weißdorn). Mit den Pflanzen, die am Beginn der Nahrungskette stehen, geht entsprechend das Angebot an tierischer Nahrung einher (Insekten, Schnecken, Spinnen, Kleinsäuger).

Lebensraum:
Ein großes Angebot verschiedener Lebensräume auf kleinem Raum ist Voraussetzung für hohe Bestandsdichten und Artenzahlen. Innerhalb der Höckerlinie ist diese gegeben durch kleinräumige Übergänge von trockenen zu nassen, von schattigen zu besonnten, von vegetationsfreien zu dicht bewachsenen Zonen.

Verbundbiotop:
Die Heckenabschnitte der Höckerlinie dienen den Tierarten, die auf Waldgebiete und Gehölzbestände angewiesen sind, als wirksames Verbundelement ihrer Lebensräume. Innerhalb der mit Bäumen und Sträuchern bewachsenen Bereiche der Höckerlinie herrschen bezüglich Klima und Vegetation waldähnliche Bedingungen, so daß sich waldspezifische Arten über diesen „Korridor" von einer Waldparzelle zur nächsten ausbreiten können.

Winterquartier:
Während der kalten Jahreszeit finden zahlreiche Tierarten unter Sträuchern, Laubhaufen oder in den Stengeln abgestorbener Pflanzen geschützte Plätze, die als Winterquartier dienen.

Bedeutung für Vögel:
Eine besondere Bedeutung haben die Heckenstandorte der Höckerlinie für bestimmte Vogelarten. Einige Arten benötigen spezielle Strukturen wie Höhe, Alter, Dichte oder Lage der Gehölze, um geeignete Brutplätze oder Ansichtswarten zu finden. Die Höckerlinie bietet in dieser Hinsicht ein breites Spektrum, da sich der Bewuchs aus verschiedenen Bäumen und Sträuchern mit unterschiedlichem Alter und Aufbau zusammensetzt. Neben der Funktion als Lebensraum und Brutplatz stellen die Heckenbereiche auch eine wichtige Nahrungsquelle für die Vögel dar. Nach mündlicher Mitteilung von Herrn Günter Krings sind mit der in Sträuchern und Bäumen bewachsenen Höckerlinie südlich von Simmerath („Am Kranzbach") auf einer Länge von ca. 700 m 53 Vogelarten beobachtet worden, darunter auch seltene Arten wie Feldschwierl, Braunkehlchen und Neuntöter.

VI. Zusammenfassung

Die Höckerlinie, ehemals als Panzersperre gegen den „Feind aus dem Westen" gebaut, gilt mittlerweile als Refugium für Pflanzen und Tiere in einer vom Menschen stark geprägten Kulturlandschaft. Als besonders wertvolle Abschnitte gelten die ungenutzten Flächen, in denen sich die Vegetation relativ ungestört entwickeln konnte. Hierzu zählen vor allem die als Hecke beschriebenen Abschnitte und ein kleiner Bereich mit vernässten Flächen und Tümpeln. Hecken und Feuchtgebiete stellen Biotoptypen dar, die in der heutigen Landschaft immer seltener werden; somit kommt den verbliebenen Resten eine besondere Bedeutung zu.
Gerade Hecken sind als besonders wertvoll einzustufen, da sie dem Biotopverbund dienen, also der zunehmenden Isolation von Waldlebensräumen entgegenwirken.
Um die zahlreichen Funktionen der Höckerlinie als Biotop zu erhalten, bzw. auszubauen, sollte der gesamte Bereich aus der Nutzung ausgeklammert werden.
In den Landschaftsplänen der Stadt Aachen und Monschau ist diese Forderung bereits gestellt und der Panzersperrengürtel als geschützter Landschaftsbestandteil (§ 34(4) Landschaftsgesetz) ausgewiesen.

Quellenverzeichnis:

Richter, M.: Die Gehölzvegetation in den Linienbiotopen des Westwalls bei Aachen, Sonderausdruck aus Tuexenia, Mitteilungen der Floristisch-soziologischen Arbeitsgemeinschaft. Herausgegeben von H. Dierschke. Tuexenia 7, Göttingen 1987.

Krings, G.: Die Vögel in der Höckerlinie südlich von Simmerath; mündliche Mitteilung.

Schützinger, S.: Zur Ökologie der Höckerlinie des Westwalls; Projektarbeit, unveröffentlicht.

Projekt "Begradigung"
(Boris Gorin)

Sicht auf den Schneeberg aus Vaals

„Wie ein Messer" teilt nach dem Eindruck des Künstlers die dreieinhalb Meter hohe Westwall-Betonmauer am Schneebergweg die Landschaft. Foto: Herrmann

Mauer als Mahnmal?

Russischer Künstler will Westwall „überwinden"

Von GERALD EIMER

Aachen. – Boris Gorin, russischer Künstler, der seit zehn Jahren in der Bundesrepublik lebt, möchte im Sinne Europas tätig werden. Das jüngste Projekt des in Aachen ansässigen freischaffenden Künstlers paßt wahrhaft ins Dreilndereck.

Nicht länger soll das „größte rheinische Baudenkmal", der Westwall, am westlichsten Punkt der Republik schmuckloser Zeuge unrühmlicher Vergangenheit sein. Ein künstlerisch gestaltetes Mahnmal am Schneeberg ist Gorins Ziel.

Am Schneeburgweg in der Nähe des Golfplatzes nämlich verläuft eine dreieinhalb Meter hohe Betonwand aus den Jahren 1938/39 und teilt „wie ein Messer" die Landschaft. Noch heute, so Gorin, präge sie die Umgebung und bilde eine unüberwindbare Grenze. Gut zu sehen ist der Abschnitt vom Dreiländereck aus.

Der „falsche Schnitt" müsse beseitigt werden – optisch! Für alle Menschen der Region sichtbar soll es laut Gorin zu einer „gedanklichen und ideellen Begradigung" der Mauer kommen. Die leicht abschüssige Wand, so seine Vorstellung, soll auf einer Länge von 330 Metern von einer exakt horizontal verlaufenden weißen Linie gekreuzt werden. „Weiße Farbe auf Beton", das hebe von der Landschaft ab und symbolisiere Frieden.

Angetan von der Idee zeigte sich Oberbürgermeister und Europawahlkämpfer Kurt Malangré. Seiner Ansicht nach unterstreicht die Idee die Intention des Denkmals „Westwall". Mahnend müsse es an die Vergangenheit erinnern und doch in die gemeinsame europäische Zukunft weisen.

Ob das Projekt zustandekommt, muß jetzt der Landschaftsverband Rheinland entscheiden. Malangré versprach den Rathaus-Besucher Gorin, dort ein gutes Wort für sein Vorhaben einzulegen.

Boris Gorin lebt nach einem Fachhochschulstudium als freischaffender Künstler in Aachen.

Juni 1989

"Begradigung" ist eine auf die Betonwand aufgemalte weiße Linie. Diese Betonwand ist ein Bestandteil des in den Jahren 1936 - 1940 erbauten "Westwalls" (mit einer Gesamtlänge von 620 km) und verläuft an der südlichen Seite des Schneeberges bei Aachen entlang der Grenze mit den Niederlanden. Besonders aus der niederländischen Grenzstadt Vaals ist die Wand gut sichtbar.

Die weiße Linie ist waagerecht aufgetragen und durchschneidet die nach Westen abfallende Wand im mittleren Bereich. Dadurch wird die sichtbare Linienführung der Wand in der Landschaft unterbrochen und geändert. Diese Änderung vollzieht sich nur im visuellen Bereich. Die Substanz der Wand bleibt unverändert. So treten sichtbar zwei Kräfte aufeinander, die symbolisch für die Zeit stehen, in der sie geschaffen wurden: die alte, auf Abwehr und Abgrenzung ausgerichtete, und die neue, die diese Abgrenzung aufhebt und ein neues, europäisch geprägtes Verständnis der Grenze visualisiert.

Somit werden der Einschnitt in die Landschaft, der damals die Topologie des Berges änderte und der Einschnitt in die geschichtliche Entwicklung, der das ganze Jahrhundert beeinflußte, mit der weißen Linie ideell begradigt.

In einer Region, wo die Bundesrepublik, die Niederlande und Belgien zusammentreffen, hat die Grenze eine besondere Bedeutung. Durch die "Begradigung" werden die Grenzerfahrungen auch unter dem geschichtlich-kulturellen Aspekt überprüft und hinterfragt.

Boris Gorin

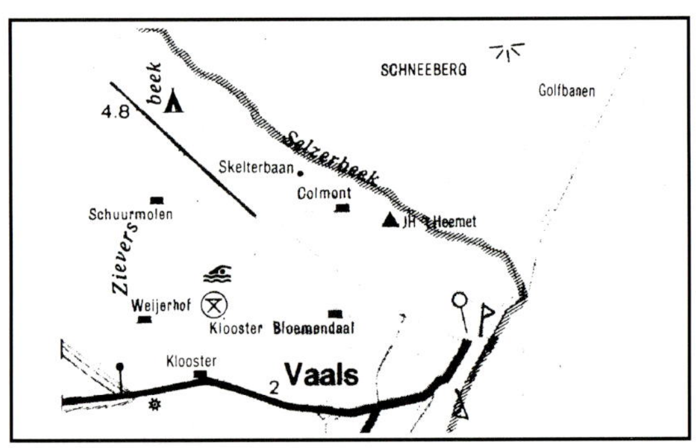

Boris Gorin, "Begradigung", Bleistift auf Papier, 42 x 15 cm

Boris Gorin, "Begradigung", Ölpastel auf Papier, 110 x 80 cm

Die Meinung zum bestimmten Sachverhalt bildet sich aus der Kenntnis der Fakten und aus deren Wertungen. Das Wesen der ins Meer gekippten Bunker an der französischen Nordsee-Küste ist ohne Hintergrundwissen nicht zu verstehen. Das Zustandekommen der "Erinnerung" für die Nachkriegsgenerationen ist angewiesen auf die Übermittlung von Berichten aus der Kriegszeit und auf die Auseinandersetzung damit. Wie könnten wir auch anders, als über ein Buch, über einen Film, in einer Gedenkstätte oder nur noch selten aus dem Bericht eines Zeitzeugen über die Geschehnisse jener Zeit erfahren?

Vielleicht über andere Zeitzeugen - die Kriegsbauten, die mißhandelten Landschaften, die sich um irgendeine Vermittlung nicht bemühen, solange man ihnen diese nicht abverlangt. Läßt man sie ruhen, sind sie stumm. Geht man auf sie zu, tut sich auf einmal ein geschichtliches Panorama auf.

Boris Gorin

Boris Gorin, "Begradigung“, Mischtechnik auf Papier, 250 x 105 cm

Boris Gorin, "Begradigung“, Ölpastel auf Papier, 220 x 95 cm

Während der Arbeit

Schneeberg, Westwall, Begradigung

Duitse kunstenaar Boris Gorin wil symbolisch iets 'rechtzetten'

Witte waterpaslijn op Duitse Westwall

VAALS – De Duitse kunstenaar Boris Gorin wil een overblijfsel uit de Tweede Wereldoorlog 'rechtzetten'. Hij is bezig een waterpasrechte lijn te schilderen op een stuk Westwall bij Vaals.

Al in 1969 beschilderde de kunstenaar Felix van de Beek uit Maastricht de betonnen draketanden van de Siegriedlinie bij Lammersdorf in de Eifel, in bonte kleuren. Hij *pacificeerde* daarmee deze anti-tankblokken, waarachter de Duitsers zich verschansten. Maar de Amerikaanse troepen hadden er in september 1944 een eenvoudige oplossing voor: ze kieperden met een bulldozer een paar scheppen zand over de betonblokken en reden keihard richting Berlijn. .

De Duitse Westwall-verdedigingslinie, aangelegd in 1938/1939, bestond niet alleen uit zulke diep verankerde betonnen draketanden, maar ook uit hoge betonnen muren en fortificaties. De hele linie strekte zich uit van Saarbrücken tot Nijmegen.

Vals plat

Tussen Lemiers en Vaals, aan de Schneebergweg bij een golfterrein een paar meter over de grens, is ook nog een 330 meter lang stuk Westwall, zoals de Siegfriedlinie officieel heette, te zien. Een hoge betonnen muur, parallel aan de grens lopend. Omdat het landschap er een beetje 'vals plat' is, loopt ook de muur ietwat omhoog. De uit Rusland afkomstige Akense kunstenaar Boris Gorin (37) heeft nu die muur benadrukt, door er een brede, precies waterpasse lijn op te schilderen. Die witte lijn, 170 meter lang en 1.40 meter hoog, loopt bijna als een diagonaal door de flauw in westelijke richting dalende muur.

Vier jaar gelden kreeg Gorin dat idee, maar hij moest een lange mars door de Nederlandse en vooral Duitse bureaucratie maken, voordat hij toestemming kreeg voor zijn optische waterpas-ingreep.

Dobbelstenen

Overigens zijn, nadat Felix van de Beek de draketanden bij Lammersdorf onder handen nam – een kunstwerk dat nu onder Denkmalschutz valt – ook andere oorlogsrelicten door kunstenaars aangepakt. Zo werden betonnen bunkers – pillboxen – omgetoverd tot gigantische dobbelstenen of inktpotten.

Boris Gorin wil met zijn optische ingreep de oude verdedigingsmuur visueel en in symbolisch opzicht 'rechtzetten'. Op die manier wil hij de muur veranderen in een symbool van een op de toekomst gerichte grens die niet scheidt maar verbindt.

Künstler Gorin »kommentiert« Westwall

Weißer Strich für den Frieden

Was einst bleiben wird vom menschlichen Ehrgeiz, das führt eine wuchernde Natur am Beispiel des alten Gemäuers vor: Mit Moos hat sie es umhüllt, mit Ästen verhangen und machte in 50 Jahren fast schon vergessen, daß diese Steine aufeinandergesetzt wurden, um den Menschen außerhalb der Mauer die Macht eines »1000jährigen Reiches« zu demonstrieren.
So wenig Eindruck hinterließ da bislang dieser Bau, daß er ganz und gar chancenlos war in Konkurrenz zu dem weiten Ausblick über die Niederlande, der sich auf der anderen Seite des Schneebergwegs im Aachener Westen dem Spaziergänger eröffnet. Nur Boris Gorin, dem Aachener Künstler, der aus der Ukraine stammt und in Israel, Griechenland und Belgien lebte, bevor er Deutscher wurde, fiel die Mauer sofort auf. Er erkundigte sich nach ihrer Funktion und erfuhr, daß sie, 350 Meter von der deutsch-niederländischen Grenze entfernt, dreieinhalb Meter hoch und 330 Meter lang, als Teilstück des Westwalls, errichtet worden war.
Daß dieser Wall in den Jahren, in denen Europa zusammenwachsen soll, an dieser exponierten Stelle nicht unkommentiert bleiben durfte, kam Gorin sofort in den Sinn. Und er beschloß, ihn mit einem horizontalen weißen Strich zu versehen. »Weiß«, sagt er, »ist die Farbe des Friedens, der horizontale Strich soll zurechtrücken, was schief war. Er soll eine Begradigung darstellen im visuellen und ideellen Sinne. Denn seitdem der Westwall gebaut wurde, hat sich das Grenzverständnis stark verändert. Wir bemühen uns heute, Ausgrenzung nicht mehr stattfinden zu lassen, sondern Grenzen durchlässiger zu gestalten. Auch die Grenzen in den Köpfen müssen jetzt begradigt werden. In diesem Sinne wendet sich der Strich an die Niederländer als ein Zeichen der Versöhnung.« Damals hatte Gorin, der glaubte, nur zu Pinsel und Farbe greifen zu müssen, um sich ans Werk machen zu können, nicht geahnt, daß zwischen der Idee und ihrer Umsetzung vier Jahre verstreichen würden. In dieser Zeit hat der Diplomdesigner ausreichend Hartnäkkigkeit unter Beweis stellen können, hat Aktenordner mit Briefverkehr und Zeitungsartikeln gefüllt und sah sich mit schwierigen Eigentumsfragen und den nicht immer einfachen deutsch-niederländischen Beziehungen konfrontiert. Denn nicht alle Bewohner der Grenzgemeinde Vaals konnten sich mit dem Gedanken anfreunden, daß der zuvor so unscheinbare Kriegsbau durch ein weithin sichtbares Friedenszeichen wieder in ihr Blickfeld gerückt werden sollte. Gerade in diesem Schritt sah sich Gorin schon bestätigt, als er alle Genehmigungen erwirkt hatte und die wissenschaftlich exakt ermittelte Horizontale 1,40 Meter breit und 150 Meter lang auf den Wall brachte. Da belauschte er ein Gespräch zwischen Vater und Sohn, die, auf das Gemäuer aufmerksam geworden durch den weißen Strich, über den Westwall sprachen und dann über den Krieg, der war und sich nie wiederholen dürfe. »Diese Erfahrungen«, sagt Gorin, »müssen doch weitergesagt werden.«
Er habe sich, erzählt er, als er die Farbe auftrug, wie ein Kind auf einem Fahrrad gefühlt, das im Vorbeifahren mit einem Stück Kreide in der Hand einen weißen Strich auf einer Mauer zieht – nicht als Künstler. »Ich habe nur kommentiert, was schon vorhanden war. Das war eine einfache politische Äußerung aus der Mitte des Volkes heraus«, betont Gorin. Daß auch diese Äußerung nicht von Bestand sein wird, ist ihm bewußt und gar von ihm gewollt. Er will die »Begradigung des Westwalls« nicht mehr auffrischen. »In zehn, zwanzig Jahren«, so glaubt Gorin, »sind wir ohnehin so weit, daß wir europäisch denken – ohne Grenzen in den Köpfen.« Claudia Küpper

Gorins »Kommentar« zum Westwall: ein weißer Strich für den Frieden.

Daten zum Projekt

Ort

Bundesrepublik Deutschland, Aachen, Schneebergweg gegenüber der niederländischen Gemeinde Vaals.

Westwall

Die "Siegfried-Linie", mit einer Gesamtlänge von 620 km, wurde 1936 - 1940 erbaut und ist auch als "Höckerlinie" bekannt.
An dieser Stelle ist der Westwall als Betonwand parallel zur deutsch-niederländischen Grenze ausgebildet, die ca. 300 m vor der Wand am Fuß des Schneeberges verläuft (Senserbach).
Die Länge der Wand beträgt 470 Schritte, die Höhe - 3,5 m.
Rechts und links von der Wand setzt sich der Westwall als Höckerlinie fort.

Begradigung

eine waagerecht aufgestrichene weiße Linie mit der Länge von 135 m und der Breite von 140 cm

Grundierung: Brander Siloxan
Anstrich: Siloxan Silikonharz Fassadenfarbe
Die Farbe soll nicht aufgefrischt und nicht erneuert werden.

Vorbereitungszeit: ab März 1989
Realisierung: Frühjahr 1993
Einweihung: 3. Mai 1996

Vor der Wand, direkt an dem öffentlich zugänglichen Schneebergweg ist eine Bodenplatte installiert mit der Aufschrift:

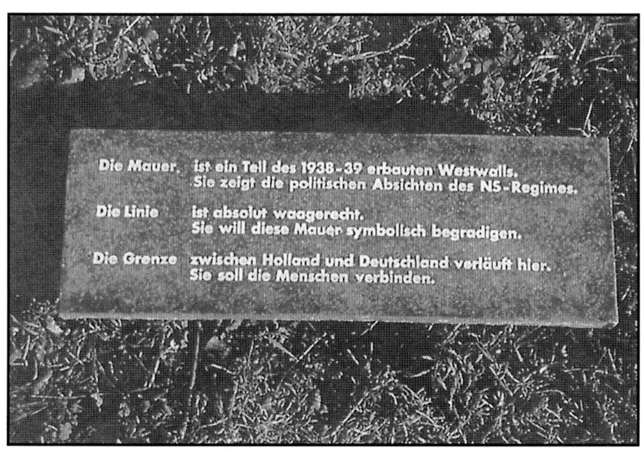

Schlußbetrachtung (Rainer Oyen)

"Erinnerung und Mahnung"

Die vorliegende Fotodokumentation wollte dem Betrachter Eindrücke einer Spurensuche vermitteln, Entdeckungen entlang einer fast in Vergessenheit geratenen Wehranlage längs der deutschen Westgrenze.

Die Eindrücke sind vielfältig und zwiespältig, manchmal wehmütig.

Die Anwohner haben sich mit dem Westwall arrangiert, ihn teilweise in ihren Alltag integriert.
Seiner heroischen Aufgaben entkleidet, dient der Westwall heute teilweise banalen Funktionen. Viele leben mit dem Westwall wie weiland die Hirten in den Ruinen der griechischen, römischen oder ägyptischen Tempel vor ihrer historischen Wiederentdeckung: Mit Sinn für das Praktische, aber ohne geschichtliches Bewußtsein für das Einmalige und Dokumentarische einer solchen Anlage und für die Botschaften, die sie bereithält.

Pflanzen und Tiere haben den Westwall besiedelt und als Heimat entdeckt, mit dem sie, geschützt vor Dünger und Pestiziden, eine Art Linienbiotop bilden: Der Westwall als Naturverteidigungsanlage. Die geglückte Symbiose von Wall und Natur ist vielleicht die positivste Erfahrung für den Westwallbesucher. Sie legt es nahe, den Wall in seinem Verlauf über weite Strecken einfach als Naturreservat zu belassen.

So prägt der Westwall auch heute noch Gesicht und Charakter der Landschaft und das Leben der Menschen.

Deutscher Soldatenfriedhof in Vossenack/Hürtgenwald

Andererseits verblüfft den Spurensucher die geringe Präsenz des Westwalls als "historic landmark" im Bewußtsein der Bevölkerung, der Historiker und der öffentlichen Sachwalter sowie die barbarisch geringe Sensibilität im Umgang mit dem historischen Monument. Als solches wird der Westwall derzeit weder beachtet noch gewürdigt.
Aber man erinnere sich doch: Der Westwall, gebaut, um das Reich gegen Westen zu schützen, war ein halbes Jahr, von September 1944 bis Februar 1945, Schauplatz erbitterter und blutiger Schlachten. Hier, an der Pforte zum Reich, wurde noch einmal verbissen gekämpft, gelitten, gestorben.
So entstand ein zweites Monument jener Zeit, die Kette der Soldatenfriedhöfe in seiner Nähe.
Wie versteinerte Kompanien ziehen sich Gruppen um Gruppen von Gräbern längs des Westwalls durch die hügelige Landschaft, formieren sich zu einer zweiten Höckerlinie diesseits und jenseits der militärischen Panzersperren: Deutsche Kriegsgräberstätten, wie zum Beispiel in der Nordeifel bei Hürtgen und Vossenack, amerikanische Ehrenfriedhöfe, wie z.B. in Belgien bei Henri - Chapelle oder in den Niederlanden bei Margraten, um nur einige der vielen zu nennen. In Daleiden, nahe der luxemburgischen Grenze, haben über 3000 Gefallene ihre letzte Ruhestätte gefunden. Sie erinnern an das Leid des Krieges und mahnen zum Frieden.

Der Westwall, die herbe Landschaft, die Soldatenfriedhöfe und die noch lebendigen Erinnerungen der älteren Zeitzeugen: Sie bilden einen bemerkenswerten geographisch-historischen Komplex, der eine adäquate und sensible Rezeption verdient.
Der "Zeitzeuge Westwall" imponiert nicht durch die Größe und Wucht einzelner Anlagen (im Vergleich z.B. zur französischen Maginotlinie), sondern

durch die geographisch-landschaftliche Weitläufigkeit und Verstreutheit in seinem quasi natürlichen Verlauf.

Es scheint angemessen und pädagogisch sinnvoll, diesen Komplex zu erhalten, um seine historisch-kritische Wahrnehmbarkeit zu ermöglichen.
Die derzeit noch vorherrschende Vernachlässigung und Zerstörung der historischen Landmarken und Monumente ist eine nicht zu rechtfertigende Barbarei.
Die Westwallbesucher, meist ausländische, vor allem amerikanische Touristen, häufig Weltkriegsveteranen mit ihren Familien, finden heute wenig, was ihnen Orientierung und Zugang erleichtern würde. Erhaltung, Kennzeichnung, Wegweisung und Katalogisierung, die mit geringem Aufwand möglich wären, haben bisher kaum stattgefunden.
Um den Westwall als zeitgeschichtliches Museum und Beispiel einer Wehranlage des zu Ende gehenden XX. Jahrhunderts zu retten, ist es notwendig, einzelne Anlagen in ihren Zusammenhängen (z.B. Bunker, Höckerlinie, Verbindungs- und Panzergräben) zu sichern und den gesamten Komplex als Mahnmal auszuweisen und zu schützen. Denn

> *"Wer die Vergangenheit nicht kennt, kann die Zukunft nicht in den Griff bekommen"*
>
> (Golo Mann)

Golo Mann, Sohn von Thomas Mann (1875-1955), geboren am 27.3.1909 in München. Seit 1960 Professor für wissenschaftliche Politik an der Tech. Hochschule Stuttgart und Herausgeber der Propyläen Weltgeschichte. 1964 Mannheimer Schillerpreis.

Ausgewählte und weiterführende Literatur

Aretz, Josef: Kohlscheid im Herbst 1944. Heimatverein Kohlscheid 1932 e.V., 1983.

Bedürftig, Friedemann: Lexikon III. Reich. Hamburg, Carlsen Verlag GmbH, 1994.

Bettinger, Dieter; Büren, Martin: Der Westwall. Osnabrück, Biblio-Verlag, 1990.

Boberach, Heinz (Hrsg.): Meldungen aus dem Reich - Die geheimen Lageberichte der SS 1938 - 1945. Herrsching, Pawlak Verlagsgesellschaft, 1984.

Bracher, Karl Dietrich; Funke, Manfred; Jacobsen, Hans-Adolf (Hrsg.): Nationalsozialistische Diktatur 1933-1945. Schriftenreihe der Bundeszentrale für polititische Bildung, Bonn, Band 192, 1986.

Brice, Martin: Burgen und Wehranlagen. Augsburg, Weltbild Verlag GmbH, 1992.

Chronik der Deutschen. Dortmund, Chronik-Verlag in der Harenberg Kommunikation Verlags- und Mediengesellschaft GmbH & Co.KG, 1983.

Das III. Reich. Eine Tageschronik der Politik, Wirtschaft, Kultur. Düsseldorf, Droste Verlag GmbH, 1982.

Der Zweite Weltkrieg. Stuttgart, DAS BESTE GmbH, Band 2, 1979.

Der Zweite Weltkrieg-Texte-Bilder-Karten-Dokumente-Chronik. München und Zürich, Delphin Verlag GmbH, 1985.

Deutschland 1933-1945. Neue Studien zur nationalsozialistischen Herrschaft. Band 314. Düsseldorf, Droste Verlag GmbH, 1992.

Frenken, Wilhelm: Zeitungsserie über die Geschichte des Westwalls in den Aachener Nachrichten vom 16.08. 1988 bis 29.10.1988.

Friedrichs, Hanns Joachim (Hrsg.): Weltgeschichte-Eine Chronik. Köln, Naturalis Verlag, 1995.

Frohe Rechenstunden im 7. und 8. Schuljahr. Bonn, Verlag Pet. Schmitz Wme., Bonn; Düsseldorf, Verlag L. Schwann, o. J.

Geiss, Imanuel: Geschichte griffbereit. Dortmund, Harenberg Lexikon-Verlag in der Harenberg Kommunikation Verlags- und Mediengesellschaft mbH & Co.KG, Band 5, 1992.

Geschichtlicher Arbeitskreis Bitburger Land: Dokumentation Westwall in der Eifel. Beiträge zur Geschichte des Bitburger Landes, Band 14, Bitburg, 1994.

v. Gönner, Generalarbeitsführer (Hrsg.): Spaten und Ähre. Das Handbuch der deutschen Jugend im Reichsarbeitsdienst. Heidelberg, Vowinkel Verlag, 1939.

Grasser / Stahlmann: Westwall, Maginotlinie, Atlantikwall. Bunker und Festungsbau 1930-1945. Leoni/ Starnberger See, Druffel Verlag, 1983.

Groß, Manfred: Der Westwall zwischen Niederrhein und Schnee-Eifel. Köln, Rheinland Verlag GmbH, 1982.

Kahlen, Ludwig: Das Kommunale Tagebuch. Herzogenrath, Verlag Alwin Handels, 1965.

Hohenstein / Trees: Hölle im Hürtgenwald. Aachen, Triangel Verlag, 1981.

Hohenstein, Adolf: Die alten Westbefestigungen (Westwall) von 1935-1945 im Regierungsbezirk Köln. Rheinische Heimatpflege, 19. Jahrgang, Heft 4, Oktober-Dezember 1982.

Hubatsch, Walther: Hitlers Weisungen für die Kriegführung 1939-1945. Dokumente des Oberkommandos der Wehrmacht. Koblenz, Bernhard und Graefe Verlag, 1983.

Krings, G: Die Vögel der Höckerlinie südlich von Simmerath. - Simmerath 1996, unveröffentlicht.

Küsters, Franz-Joseph: Der Zweite Weltkrieg zwischen Maas und Ruhr. Aachen, Meyer & Meyer Verlag, 1995.

Michalka, Wolfgang: Deutsche Geschichte 1933-1945. Dokumente zur Innen- und Außenpolitik. Frankfurt am Main, Fischer Taschenbuch Verlag GmbH, 1993.

Mickel, Wolfgang (Hrsg.): Geschichte, Politik und Gesellschaft. Berlin, Cornelsen Verlag, Band 1, 1988.

Piekalkiewicz, Janusz: Der Zweite Weltkrieg. Düsseldorf, ECON Verlag GmbH, 1985.

Richter, Michael: Die Gehölzvegetation in den Linienbiotopen des Westwalls bei Aachen. Aus: Tuexenia. Mitteilungen der Floristisch-soziologischen Arbeitsgemeinschaft, Neue Serie, Band Nr. 7. Herausgegeben von H. Dierschke, Göttingen, 1987.

Schramm (Hrsg.), Percy E.: Kriegstagebuch des Oberkommandos der Wehrmacht. Herrsching, Pawlak Verlagsgesellschaft GmbH, 1982.

Schützinger, Susanne: Zur Ökologie der Höckerlinie des Westwalls mit besonderer Berücksichtigung der Vegetation am Beispiel von Nordeifel und Vennfußfläche, Projektarbeit, Aachen 1996, unveröffentlicht.

Seidler, Franz W.: Die Organisation Todt. Bauen für Staat und Wehrmacht 1938-1945. Koblenz, Bernhard & Graefe Verlag, 1987.

Warlimont, Walter: Im Hauptquartier der deutschen Wehrmacht 1939-1945. Augsburg, Weltbild Verlag GmbH, 1990.

Neue Gesellschaft für Bildende Kunst e.V.: Wir bauen des Reiches Sicherheit. Mythos und Realität des Westwalls. Berlin, Argon Verlag GmbH, 1992.

Young, Peter (Hrsg.): Der große Atlas zum II. Weltkrieg. München, Südwest Verlag GmbH & Co.KG, 1974.

Dr. Doehle, Heinrich: Die Auszeichnungen des Großdeutschen Reichs. Berlin, Berliner Buch- und Zeitschriftenverlag, 1943.

Fotonachweis/Abbildungsnachweis

(S.= Seite, o. = oben, m. = mitte, u. = unten, l. = links, r. =rechts)

Foto Banz: S. 105 u.

Foto Braus: S. 53

Geschichtsverein Hürtgenwald e.V.: S. 30,

Privatarchiv Heckmann: S. 23 u., S. 31, S. 32, S. 33, S.35, S. 83 o., S. 109 r.o., S. 111 o., S. 114 l.u., S. 126

Foto Krings: S. 137 u.l.

Foto Lerho: S. 107 u.

Foto Dr. Messenig: S. 49 u.l., S. 145

Foto Raida: S. 48, S. 49, S. 110 o. Rückseite: m.l.

Foto Schneider: S. 137 u.r., S. 138

Bildersammlung Sevenich: S. 43, S. 44

Foto Hansen, Hans-Josef: Titelseite, S. 74, S. 75, S. 76, S. 77, S. 78, S. 79, S. 80, S. 81, S. 82, S. 83 u.l., S. 83 u.r., S. 84, S. 85, S. 86, S. 87, S. 88, S. 89, S. 90, S. 91, S. 92, S. 93, S. 94, S. 95, S. 96, S. 97, S. 98, S. 99, S. 100, S. 101, S. 102, S. 103, S. 104, S. 105, S. 106, S. 107 l.o., S. 107 r.o., S. 108, S. 109 l.o., S. 109 r.u., S. 110, S. 111 l.u., S. 111 r.u., S. 112, S. 113, S. 114 o., S. 114 r.u., S. 115, S. 116, S. 117, S. 118, S. 119, S. 120, S. 121, S. 122, S. 123, S. 124, S. 125, S. 127, S. 128, S. 129, S. 130, S. 131, S. 132, S. 133, S. 134, Rückseite: o., m.r., u.

Foto Hansen, Marion: S. 73 Innenseite vorne, Innenseite hinten

Archiv Hansen: S. 16, S. 17

Die Postkarte (Seite 42) und das Westwallarmkettchen (Seite 49) wurden uns von Herrn Kreuzmann zur Verfügung gestellt.

Text, Bilder und Bildunterschriften:

S. 27, S. 28, S. 29:
Unbezwinglicher Westwall - Ein Buch vom Ringen um Deutschlands Westmark. Herausgegeben durch Deutsche Arbeitsfront/Kraft und Freude/Reichsamt Deutsches Volksbildungswerk, Verlag Deutsche Volksbücherei Wiesbaden, 1940.

S. 26 o., S. 38, S. 39, S. 41, S. 55:
Hauptmann Rudolf Theodor Kühne: Der Westwall. Lehmanns-Verlag, München, 1939.

S. 23 o., S. 24, S. 25:
Christian H. Bömer: Das Lied vom Westwall. Belser Verlag, Stuttgart, 1941

Personenregister

Ortsregister

A

B

C

D

E

F

G

H

I

J

K

L

M

N

O

P

R

S

T

U

V

W

Z

Militärische Zeitgeschichte im Helios-Verlag

Matthias Thömmes

Tod am Eifelhimmel

Luftkrieg über der Eifel1939 - 1945

Spätestens mit der Invasion am 6.6.1944 wurde auch die Eifel mehr und mehr in den Luftkrieg einbezogen. Selbst kleinste Ortschaften wurden bombardiert, und schließlich waren sogar harmlose Einzelpersonen vor Jaboangriffen nicht mehr sicher.
Was die Menschen in der Eifel - aber auch die Flugzeugbesatzungen - damals mitgemacht haben, schildert der Autor aus eigenem und dem Erleben zahlreicher anderer Zeitzeugen eindringlich und ordnet dabei die Ereignisse in das große Gesamtgeschehen des II. Weltkrieges ein.

Großformat, Leinen mit Schutzumschlag, 158 S., 182 Abb., ***EUR 27,61***

Matthias Thömmes

„Die Amis kommen!“

Die Eroberung der Eifel durch die Amerikaner 1944/1945

„Die Amis kommen!“ war das Schlagwort Ende 1944/Anfang 1945 im gesamten Grenzgebiet der Eifel. Mit gemischten und zwiespältigen Gefühlen erwartete man die Ankunft der Amerikaner. In der Dokumentation schildert der Autor die Eroberung der gesamten Eifel durch die Amerikaner. Er zeigt das Geschehen hauptsächlich aus dem Erleben der Eifelbevölkerung und der kämpfenden Soldaten. Geschildert werden die schrecklichen Endkämpfe, in denen noch zahlreiche Ortschaften zerstört wurden.

Großformat, Leinen mit Schutzumschlag, 166 S., 212 Abb. ***EUR 29,70***

AG Luftkriegsgeschichte Rheinland: Güth/Paul/Schuh

Vom Feindflug nicht zurückgekehrt

Fliegerschicksale in Eifel, Rhein- und Moselland - Eine Dokumentation

Das Buch berichtet über den Luftkrieg 1939-1945 über der Eifel, dem Rhein- und dem Moselland. In zahlreichen Einzelbeiträgen werden die Schicksale deutscher und alliierter Flieger lebendig dargestellt.
Die Recherchen umfassen dabei das Gespräch mit Zeitzeugen, die Suche vor Ort an den ermittelten Absturzstellen sowie den Austausch mit Archiven im In- und Ausland.
Geschildert wird die oftmals mit geradezu kriminalistischem Spürsinn verbundene Suche nach den Identitäten vermisster Flieger. Überlebende Piloten beider Seiten kommen ausführlich zu Wort. Einen Schwerpunkt bildet die Darstellung der Luftschlacht am 23. Dezember 1944 über dem Ahrgebiet: Diese aus amerikanischer Sicht infolge der schweren Verluste als „Ahrweiler-Massaker“ empfundene Begegnung zwischen mittleren Bombern vom Typ B-26 und deutschen Jagdflugzeugen ist noch niemals so eindringlich bearbeitet worden.

Großformat, Leinen mit Schutzumschlag, 156 S., 218 Abb. ***EUR 29,70***

Kurt Kaeres

Das verstummte Hurra

Hürtgenwald 1944/45

Dies ist die Geschichte zweier Einheiten, einer deutschen und einer amerikanischen, die durch die Hölle des Hürtgenwaldes gingen – gleichzeitig ist es die Geschichte eines Waldes, in dem das kampfermutigende „Hurra“ verstummte.

Viele Schicksale ranken sich um den Hürtgenwald. Hürtgenwald, ein Name, den amerik. Soldaten einem Waldgebiet südlich von Aachen gaben. Hier verloren die Amerikaner mehr Soldaten als im gesamten Vietnamkrieg. Von 9/44 bis 2/45 kamen dort acht amerik. Divisionen zum Einsatz und versuchten den Durchbruch in Richtung Rhein. Die Verbündeten der Wehrmacht waren ihr Verteidigungswille, das Terrain, die Befestigungen und klimatischen Einflüsse, vor allem der äußerst harte Winter 44/45. Kaeres schildert exemplarisch das Schicksal einer deutschen und amerikanischen Kompanie, die in den Waldgebieten des Hürtgenwaldes um das nackte Überleben kämpften.

Großformat, Leinen mit Schutzumschlag, 192 S., 98 Abb. ***EUR 23,50***